HORST SEEBASS · DER ERZVATER ISRAEL

HORST SEEBASS

DER ERZVATER ISRAEL

UND DIE EINFÜHRUNG DER JAHWEVEREHRUNG IN KANAAN

1966

VERLAG ALFRED TÖPELMANN · BERLIN

BEIHEFTE ZUR ZEITSCHRIFT FÜR DIE
ALTTESTAMENTLICHE WISSENSCHAFT
HERAUSGEGEBEN VON GEORG FOHRER

98

Meinen Eltern in Dankbarkeit

Vorwort

Diese Arbeit hat in nur geringfügig veränderter Form im Herbst 1963 der Theologischen Fakultät der Rheinischen Friedrich-Wilhelms-Universität Bonn als Habilitationsschrift vorgelegen. Leider konnte ich die als BZAW 91 angekündigten Analysen zu Ex 1—15 von G. FOHRER nicht mehr einarbeiten, da sie bis zum gegenwärtigen Zeitpunkt nicht erschienen sind.

Mein besonderer Dank gilt Herrn Prof. D. Dr. M. NOTH für seine freundliche Ermutigung zu dieser Arbeit und Herrn Prof. D. Dr. G. FOHRER für die Bereitschaft, sie als Beiheft der ZAW anzunehmen.

Bethel, September 1964   H. Seebass

Inhaltsverzeichnis

Teil I. Das kleine geschichtliche Credo und der Erzvater Israel

1. ABSCHNITT. DAS VATERBEKENNTNIS

M. A. BEEK hat zu Dtn 26 5 ff., vor allem zu den ersten drei Worten der Rede von v. 5: ‏ארמי אבד אבי‏, die Vermutung geäußert, daß sie die Einleitung zu einem uralten liturgischen Text enthielten, der den Vater direkt zur Landnahme führte und nichts von der Herausführung aus Ägypten wußte[1]. Er schreibt[2]: »Alle Traditionen haben aber einen gemeinschaftlichen Zug: Die Väter sind aus Mesopotamien eingewandert. Man spricht von dieser Auswanderung in rituellen Texten mit einer Terminologie, die erinnert an die Anfangsworte des Dekalogs. Sehr deutlich ist dies der Fall in Gen 15 7: ‚Ich bin der Herr, der dich aus Ur-Kasdim herausgeführt hat, daß ich dir dieses Land zu eigen gebe.‘ (Vgl. Gen 11 28 und 9 7.) Wir können Dtn 26 5 als eine Parallele dazu betrachten: anscheinend lebt man im religiösen Bewußtsein, seine Seßhaftigkeit in Kanaan nur Jhwh verdankt zu haben ... Es ist nicht willkürlich, daß diese Überlieferung von Wanderung und Landnahme rezitiert wird bei der Darbringung der Erstlinge. Die Ernte ist das deutlichste Zeichen der Gunst Jhwhs, wie auch die Pesachüberlieferung das Erntefest (Mazzoth) mit der Feier der Befreiung aus Ägypten kombinierte. Es ist daher wahrscheinlich, daß Dtn 26 5a mit den Worten ‏ארמי אבד אבי‏ den uralten Anfang bewahrt eines liturgischen Textes, dessen verlorene Fortsetzung noch nichts wußte von einem Aufenthalt in Ägypten.«

BEEK hat sich mit dieser Andeutung begnügt und den Gedanken nicht weiter verfolgt. Es liegt jedoch auf der Hand, daß damit das Problem des »Kleinen geschichtlichen Credo«[3], das BEEK im ange-

---

[1] Das Problem des aramäischen Stammvaters, OTSt VIII (1950) S. 193 ff.

[2] S. 207 f.

[3] Vgl. G. v. RAD, Das formgeschichtliche Problem des Hexateuch (1938), in: Ges. Stud. (1958) S. 9 ff. — Die Existenz einer geschlossenen Credoform bestreitet A. S. v. d. WOUDE, Uittocht en Sinaï, Nijkerk o. J. (1961) S. 9 f. Er meint, daß an den Wendepunkten der israelitischen Geschichte je eine große Gestalt die entscheidenden Ereignisse bis zum jeweils gegenwärtigen Moment resümiere: so Ex 19 3 ff. bis zum Sinai, Jos 24 bis zur Landnahme, I Sam 12 bis Samuel, Neh 9 bis Esra-Nehemia und in der Damaskusschrift bis zu deren Gegenwart. — Aber damit bleiben eine Reihe Texte unerklärt, die erstaunlicherweise doch nur bis zur Landnahme führen wie Dtn 6 21 ff. 26 5 ff.; oder ganz kurz: Jdc 2 1 6 8 f. usw. M. R. betont

gebenen Zusammenhang nicht berührt, in einer neuen Weise auf-
gerollt wird, da es, wenn BEEKs Vermutung zutreffen sollte, ein altes
Credo gegeben haben müßte, das nur die Landnahme des Vaters berichtete[4]. Nimmt man einmal ganz hypothetisch an, daß sie zutrifft,
so ergibt sich mit Notwendigkeit die weitere Frage, ob es dann einmal
zwei parallele Bekenntnistexte gegeben habe: a) einen, der die Landnahme der Mosegruppe von Ägypten her wiedergab; b) einen, der die
Landnahme des Vaters berichtete. Auf Grund der relativ gesicherten
Erkenntnis, daß der Ursprung des Ägyptenbekenntnisses nur in der
Bezeugung des Meerwunders bzw. der Herausführung (ohne jede
Fortsetzung) liegt[5], kann man diese Frage entscheiden: Es könnte
höchstens ein Vaterbekenntnis gegeben haben. Daher läßt sich die
Frage, die durch BEEK aufgeworfen worden ist, so präzisieren: Ist
das Credo einmal aus ursprünglich völlig voneinander getrennten
Elementen zusammengesetzt worden[6], oder lag ihm als Vorform ein
Vaterbekenntnis zugrunde?

§ 1. Dtn 26 5ff.

Bei der Analyse dieses Textes wird man versuchen müssen, die
typisch deuteronomistische Phraseologie auszuschalten, um zum
älteren Bestand vorstoßen zu können. Verdächtig ist bereits 5 bβ;
doch reicht die Parallele Dtn 9 14, die wie Ex 32 10 (Num 14 12) auf
Mose bezogen ist, kaum aus, um Dtr.-Herkunft zu erweisen. Typische
Elemente sind dagegen 7 bα. 8 und 9[7]. Es ergibt sich demnach folgende
Erzählung: Der Vorfahr war ein »dem Untergang naher Aramäer«.
Als solcher zog er nach Ägypten, wie das für derart bedrohte Gruppen
nahelag[8]. Umfaßte sein Haus damals nur eine kleine Gruppe, so wurde

---

v. D. WOUDE jedoch, daß das Credo weder ein notwendiges Element des israelitischen
Gottesdienstes sei wie etwa entsprechend das christliche, noch alle wesentlichen
Inhalte des israelitischen »Glaubens« enthalten müsse.

[4] v. RAD a. a. O. S. 64 hatte schon vermutet, daß die Landnahmetradition zu den
Vätern in verhältnismäßig enger Beziehung gestanden haben müsse.

[5] Vgl. M. NOTH, Üb. des Pent. S. 48ff. mit Berufung auf K. GALLING, Die Erwählungstraditionen Israels, BZAW 48 (1928) S. 5ff.

[6] So NOTH a. a. O. S. 48f.

[7] 7 bα und 8 aα. b enthalten so typische Phrasen, daß sich ein Beweis erübrigt. Zu
9 a vgl. Dtn 1 31 9 7 11 5. Zu 9 b vgl. LISOWSKY, Konkordanz, *ad vocem* נתן im Dtn.
Vor Dtr. wohl Gen 12 7 13 15. 17 15 18 28 13 und Num 10 29, so daß 9 b ebenso wie
8 aα nicht unbedingt Dtr. sein müßten.

[8] GALLING a. a. O. S. 8 meinte, das Bekenntnis kenne den Aufenthalt der Väter im
gelobten Lande nicht. Dagegen m. R. M. BUBER, Königtum Gottes, 3. Aufl. (1956)
S. XXXIII: v. 5 a könne sich durchaus auf abgesprengte Aramäer in Kanaan be-

es dort zu einem großen Volk. Gleichwohl sollte nicht Ägypten das Land der Seßhaftigkeit werden. Die Führung Gottes war noch nicht am Ziele: Das Volk wird bedrückt, schreit zu seinem Gott, und der sieht die Not.

Der Rest ist ganz in das Dtr.-Sprachgewand getaucht. Aber sowohl die Anlage des älteren Gutes als auch die Zuordnung zum Lob der Landesgüter, die kaum von Dtr. erfunden sein wird, sondern auf viel ältere liturgische Traditionen zurückgehen dürfte[9], lassen keinen Zweifel an der Fortsetzung aufkommen: Dtr. muß hier den Inhalt zwar in seiner geprägten Sprache, aber der Sache nach richtig wiedergegeben haben[10]. Damit tritt folgender Aufbau klar zutage: a) Der bedrohte Vater zieht nach Ägypten (v. 5 a). — b) Die Wenigen werden dort zu einem großen Volk (5 aβ. b.). — c) Bedrückung und Herausführung (*6-8). — d) Die Landgabe (*9).

Obwohl die Schilderung zunächst geschlossen wirkt, fällt auf, wie sehr die Aussage von der Vermehrung des Volkes (5 aβ. γ. b) in ihrer Umgebung selbständig bleibt. Sie entspricht der Samenverheißung der Genesis[11] und speziell Gen 46 3 b. Würde man 5 aβ nicht vor 5 aγ. b lesen, so könnte man diesen Teil als einen Bekenntnisakt für sich verstehen. Denn er enthält eine eigene Exposition (kleine Zahl der Angehörigen) und die entsprechende Aussage vom göttlichen Heil (großes Volk). Die gleiche Aussage findet sich aber auch Jos 24 3 bα und ist dort auf die Vermehrung im Land Kanaan bezogen, während Entsprechendes in der Wiedergabe der ägyptischen Ereignisse fehlt. Daraus folgt, daß sie ursprünglich selbständig und nur im jeweiligen Rahmen verschieden verwandt worden ist[12].

---

ziehen, vgl. Gen 20 13 וּתְעוּ. — In besonderer Weise dürfte das für Gruppen zutreffen, die vom Negeb aus Beziehungen zum Kulturland unterhielten, s. u. S. 40f.

[9] S. oben BEEK; v. RAD a. a. O. S. 11f.

[10] Die Gründe, die aus dem Bekenntnistext selbst kommen, sind: 1. Dieser kann nicht mit 7 bβ aufgehört haben. Es muß die Befreiung gefolgt sein. — 2. Die Volkwerdung in Ägypten zeigt, daß einst die Gefahr bestand, daß das Volk sich in Ägypten ansiedelte und nicht in dem herrlichen Land Jahwes, in dem man sich jetzt wohnhaft weiß. Dieser Umstand zeigt, daß das Ziel nur noch die richtige Zuordnung von Volk und Land sein kann. — Dem entsprechen die Beobachtungen zu 8 aα und 9 b in Anm. 7.

[11] 13 16 15 5 22 17 26 (4). 24 (28 14) 32 13. Volkwerdung: 12 2 18 18 46 3.

[12] In der Genesisüberlieferung zeigen das die Stellen, an denen die Volkwerdung auch auf Ismael ausgedehnt wird: 21 13. 18; vgl. 16 10. — Das Wort *gājum* kommt in den Maritexten als Bezeichnung für Nomadengruppen vor, was ausgezeichnet zu dieser Ismaelverheißung paßt. Zu *gājum* vgl. The Assyrian Dictionary, Chicago 1956, *ad vocem gā'u* (Bd. G); M. NOTH, Die Ursprünge des alten Israel im Lichte neuer Quellen, Arbeitsgem. f. Forschung des Landes NRW, Heft 94 (1961) S. 35 und S. 15. Diese Bedeutung wird nicht angeführt bei W. v. SODEN, Akk. Handwörterbuch, Lief. 4 (1962) *ad vocem gā'um, gāwum* »Volk«.

Ähnliches gilt von Bedrückung und Herausführung. Die Exposition ist diesmal, dem Gewicht der Aussage entsprechend, verhältnismäßig breit geraten (6. 7 aα. b), während die Herausführung vielleicht nur ganz kurz (8 aα)[13] geschildert worden ist. Auch dieser Bekenntnisakt war höchstwahrscheinlich ursprünglich selbständig[14].

So bleibt die Frage, ob Anfang (der zugrundegehende Vater) und Ende (die Hineinführung in das von Milch und Honig fließende Land) ursprünglich aufeinander bezogen waren oder nicht. Um sie beantworten zu können, muß als Vorfrage geklärt werden, ob אבד hier mit Sicherheit »zugrundegehen« heißt oder ob auch die Bedeutung »umherirren, nomadisieren«[15] möglich ist.

Das Ḳal der Wurzel אבד hat im Alten Testament überwiegend (78mal) die Bedeutung »zugrundegehen«. Dazu kommen 21 Stellen, an denen es »verlorengehen (von irgendwelchen Dingen)« heißt[16]. Mit Sicherheit »in die Irre gehen, sich verlaufen« heißt es nur sechsmal und nur von Tieren bzw. von ihnen übertragen auf die Herde des Gottesvolkes[17], denen je durch ihre Verirrung der Untergang droht. Schließlich gibt es zehn Stellen, die den Übergang von »zugrundegehen« und »in die Irre gehen, umherirren« anzeigen, wobei es zur Bedeutung »zerstreut sein, zerstreut werden« kommen kann[18]. Daraus geht deutlich hervor, daß die Bedeutung »umherirren« jedenfalls nie neutral im Sinne von »nomadisieren«, sondern stets im Sinne des Sich-Verirrens, das mit dem Untergang bedroht ist, gebraucht wird. Ein ארמי אבד ist daher ein vom Untergang bedrohter Aramäer[19].

Daher wird man sagen müssen, daß die eigentliche Spannung im Text von Dtn 26 5 ff. zwischen dem Zugrundegehen des Vaters und der reichen Landgabe liegt, die mit der Darbringung der Erstlinge gefeiert wird. Denn auch in Ägypten ist der Vater bzw. seine Gruppe in Wirklichkeit noch ein אבד, wie das in 6 folgende ויריעו und das ויענונו zeigen. Daher kann man nicht einwenden, daß er eben als אבד nach Ägypten zieht und dort aufhört, ein solcher zu sein. Das mit dem Untergang des Vaters angeschlagene Thema kommt vielmehr erst in der Landgabe zum Ziel. Da nun die beiden Heilstaten sehr wahrscheinlich ursprünglich selbständig waren, ist der Schluß kaum zu umgehen,

---

[13] S. o. Anm. 10.
[14] S. o. S. 2 f.
[15] KÖHLER, Lexicon ad vocem z. St.
[16] Dtn 22 3 32 28 II Sam 1 27 Jes 29 14 Jer 4 9 18 18 25 35 49 7 Ez 7 26 12 22 37 11 Am 2 14 Ps 9 7. 19 142 5 Hi 8 13 11 20 18 17 20 7 Prov 10 28 11 7.
[17] I Sam 9 3. 20 Jer 50 6 Ez 34 4. 16 Ps 119 176.
[18] Jes 27 13 Jer 40 15 Ps 1 6 92 10 119 92 Hi 4 41 6 18 29 13 31 19 Prov 31 6. Die Stellen nach LISOWSKY, Konkordanz ad vocem אבד ḳal.
[19] So mit C. STEUERNAGEL, Deuteronomium (1900) z. St.; v. RAD a. a. O. S. 11; EERDMANS, PRIJS, DE BOER, CULLEN u. a., genannt bei BEEK a. a. O. S. 206. 211, gegen E. MEYER und H. GRESSMANN, ebenfalls a. a. O. genannt. — BEEK a. a. O. S. 193—201 bietet selbst keine Lösung.

daß ihnen als Rahmen die Beziehung zwischen dem verelendeten Vater und dem reichen Kulturland vorgegeben war.

Wenn aber Dtn 26 5 ff. diese Spur noch so deutlich bewahrt, fragt es sich, ob Ähnliches auch an anderen Stellen des Alten Testaments erhalten blieb. Dieser Frage korrespondiert vor allem Jos 24 2-13[20].

§ 2. Vorläufige Analyse von Jos 24

Zur Textkritik 2-13: a) Die LXX setzt die Handlung von Jos 24 in Silo an. Dies Heiligtum hat offenbar in vorstaatlicher Zeit vorübergehend eine führende Rolle eingenommen[21]. Wohl im Interesse antisamaritanischer Polemik hat die LXX Jos 24 den Silotraditionen zugerechnet[22]. — b) Statt der Erwähnung Moses und Aarons am Anfang von 5 hat die LXX Dtn 26 6 aα. Auffällig an der Darstellung von 5-7 ist der völlig unmotivierte Einsatz bei den ägyptischen Plagen. Offenbar haben MT und LXX je auf ihre Weise diese Härte zu mildern versucht. Die LXX schloß sich Dtn 26 6, MT aber I Sam 12 8[23] an. — c) Von 4 b an ist der Text der LXX wesentlich von Dtn 26 beeinflußt worden. Am Ende von 4 fügt sie Dtn 26 5 bβ, am Anfang von 5 Dtn 26 6 aα ein, glättet den Übergang von 5 b. 6 a[24], formuliert den Anfang von 7 im Anschluß an Dtn 26 7 a und spricht ab 5, analog zu Dtn 26 7 ff., von Jahwe nur noch in der 3. Person[25]. — d) In 12 a hat MT: שְׁנֵי מַלְכֵי הָאֱמֹרִי, die LXX aber »12 Könige ...«. Diese An-

---

[20] Beek hat Jos 24 nicht berücksichtigt.

[21] Vgl. Noth, Gesch. Israels, 3. Aufl. (1956) S. 92.

[22] Wichtig ist ja, daß Silo der hl. Ort war, welcher mit der in ihm beheimateten Lade wesentlich zum Aufstieg Jerusalems beitrug. Das Heiligtum Jerusalems setzt unmittelbar Traditionen Silos fort. Vgl. G. Schmitt, Der Landtag von Sichem (1964) S. 9; ähnlich Noth, Das Buch Josua, 2. Aufl. (1953) S. 135; E. Nielsen, Shechem, 2. Aufl. (1959) S 86 f; gegen K. Möhlenbrink, ZAW 56 (1938) S. 250 ff.

[23] Vgl. auch das merkwürdige I Sam 12 6.

[24] LXX (A) gibt von 5 bβ. 6 aα MT nur 5 bβ wieder, während (B) die beiden MT-Varianten mischt: καὶ μετὰ ταῦτα ἐξήγαγεν τοὺς πατέρας ἡμῶν. Die starke Orientierung an Dtn. 26 (vgl. v. 8 aα) und das Verhalten von LXX (B) warnen davor, die Lesart von (A) für ursprünglich zu halten. LXX (A) hat sich nur für eine der beiden MT-Varianten entschieden. So gegen Nielsen a. a. O. S. 88; Schmitt a. a. O. S. 10. — Nielsen a. a. O. meint, der Text der LXX von 2-13 sei besser als MT, a) weil MT im Verhältnis 1./3. ps. Jahwes eine spätere Vereinheitlichung zu zeigen scheine, b) weil Moses und Aarons Erwähnung leicht als Zusatz eines »late traditionist« erklärbar sei, und c) weil die Übereinstimmungen des griech. Textes mit Dtn 26 5 f. zum ursprünglichen Text gehört haben könnten. Zu a): Von einer späteren Vereinheitlichung kann man viel eher bei der LXX sprechen, da sie wenigstens konsequent ab 5 ff. von Jahwe in 3. ps. redet, während MT eben in 7 a eine Unregelmäßigkeit hat. Vgl. ferner die Übereinstimmung mit Dtn 26 7 ff. b) kann man m. E. nicht als Argument für Nielsens These verwenden, und c) ist von vornherein das Unwahrscheinliche, das erst zu beweisen wäre.

[25] Einen Anhaltspunkt für diese Änderung bot 7 a MT. Dazu s. u. Teil II, 2. Abschn. § 1. — Zum Einfluß von Dtn 26 gehört auch der Ursprung des häufigen Wechsels

gabe soll offenbar mitteilen, wer diejenigen sind, die »der Schrecken« vertreiben wird. Gemeint waren aber die 11 aβ aufgezählten Völker, wie Ex 23 28 ff. Dtn 7 20[26] und die Zusammenfassung Jos 24 18[27] zeigen, und die offenbar nicht in den Zusammenhang von 11 gehören. Im gegenwärtigen Kontext ist diese Beziehung jedoch gestört, so daß das אותם (12aβ) in der Luft hinge, wenn 12 aγ nicht eine neue Beziehung herstellte. Dies kann aber im Zusammenhang und, wie 18 zeigt, nur ein Rückverweis auf die 11 aβ genannten Völker sein, die hier unter dem Namen האמרי zusammengefaßt werden. Nun geben aber weder die 2 Könige, mit denen sonst nur die beiden ostjordanischen Könige Sihon und Og bezeichnet werden[28], noch die 12 Könige[29] einen wirklich akzeptablen Sinn, so daß hier vielleicht ein Textfehler vorliegt, der nur in irgendeiner Form lesbar gemacht worden ist[30].

Der Inhalt des gegenwärtigen Textes von Jos 24[31] läßt sich wie folgt wiedergeben: Das als Einheit vorgestellte Israel kannte Jahwe

von ἡμῶν und ὑμῶν in LXX (B), der im übrigen z. T. ein Problem innergriechischer Überlieferung ist (vgl. NOTH a. a. O. S. 137). Er erklärt sich aus der Überformung der hebräischen Vorlage (2. pl.) durch Dtn 26 6 ff. (1. pl.) im griechischen Text.

[26] Diese Stellen haben um so mehr Gewicht, als sie die einzigen sind, an denen das seltene Wort צרעה noch vorkommt.

[27] In 18 a sind »alle Völker und« anscheinend ein Nachtrag auf Grund von 11 aβ, da sie in die Konstruktion nicht mit einbezogen sind. (Die LXX glättet wieder, indem sie die Amoriter voranstellt.) Der Glossator hat jedoch richtig gesehen, daß 11 aβ zu 12 a gehört.   [28] Dtn 3 8 4 47 31 4 Jos 2 10 9 10.

[29] Es ist m. E. schwer vorstellbar, daß diese Zahl der LXX an die Erzählungen Jos 1—12 anknüpft (so NOTH a. a. O. S. 135), da Jos 12 ja 31 Könige erwähnt werden. Eher ist es denkbar, daß die Zahl Zwölf hier wie auch sonst in manchen antiken Texten einfach eine feindliche Koalition beschreibt, vgl. SCHMITT a. a. O. S. 8f. mit Verweis auf LUCKENBILL, Ancient Records of Assyria I (1922) S. 204. 232. 238—40. 245. 247. 249; II S. 265. Jos 24 12 LXX würde dann überhaupt nicht eine aus dem Josuabuch bekannte Koalition meinen, sondern ganz allgemein auf die Überwindung einer machtvollen amoritischen Koalition abzielen.

[30] Entweder ist nur שני unrichtig, so daß an etwas wie Jos 5 1 angeknüpft werden sollte. Oder die Erwähnung der Könige gehört mit zur Verderbnis. Dann könnte man im Anschluß an Dtn 7 20 erwarten: שאר מכל האמרי also Vertauschung von כ und ל in מכל, Verlesung eines ursprünglichen ר in ו, das in י übergegangen ist, und Verwechslung eines unlesbar gewordenen א mit ג. Zur Ähnlichkeit von ו und ר in der früharamäischen Schrift vgl. »The Bible and the Ancient Near East« (ALBRIGHT-Festschr.), 1961, S. 137, Schrift 1: 2. ו und 2. ר, Schrift 2: 1. ו und 2. ר, Schrift 4: 1. und 2. ו und 2. ר. Dagegen sind א und ג ganz unähnlich. Wenn aber der Schrägstrich von links oben nach rechts unten beim 1. א von Schrift 6 undeutlich wäre, würde es einem ג ähnlich. Vgl. auch VT 6 (1956) S. 340 Schrift 7: Wenn beim 1. א der lange Abstrich undeutlich wurde, konnte man es mit ג verwechseln.

[31] SCHMITT a. a. O. S. 18ff. hat gefordert, die Dtr.-Bearbeitung nicht von vornherein auszuscheiden, da sie und eine den Paränesen von Jdc 2—I Sam 12 nahestehende Sprachgestalt, die er von Dtr. getrennt wissen will (vgl. auch SEELIGMANN, VT 11, 1961, S. 214 A. 3, mit Hinweis auf Y. KAUFMANN und G. v. RAD), zur Grundgestalt der Reden in Jos 24 gehörten. Ich folge dieser methodischen Forderung, wiewohl ich seiner These nicht folgen kann.

zwar schon längst, weil es ja seine Führung erfahren hatte (2-13); aber es hatte ihm bisher noch nicht »gedient«[32], d. h. bisher noch keinen offiziellen Kult für Jahwe eingerichtet, weil es noch nicht in dem Land gewesen war, in dem der »Dienst« erst wirklich möglich wurde[33]. Josua stellt also das Volk in die echte Entscheidung[34], ob es *Jahwe* dienen will oder den Landesgöttern.

Die starke Betonung des »Dienstes« und der Entscheidung für Jahwe kann man unmöglich vom Ritual des Ablegens der fremden Götter trennen, das dem Gott Israels in Sichem gilt. Ritual und der Name »El Gott Israels« kommen aber schon in der Tradition der Väterzeit vor (Gen 33 20 35 2. 4). Daher kann man nicht zweifeln, daß zumindest nach der Tradition der seit alters bestehende Kult des Gottes Israels von Sichem auf Jahwe Gott Israels übertragen wurde, da sich Jahwe eben durch seine Führung als Israels Gott erwiesen hatte[35]. Denn der Kult in Sichem ist uralt; die Einführung des Jahwekultes aber ist nach Jos 24 ein Spätling der Vorgeschichte Israels.

Die Rede, die die Führung des Gottes Israels schildert, hat nun deutlich zwei Pole. In 2 heißt es: »Jenseits des Stromes wohnten eure Väter seit je ... und dienten anderen Göttern«, und nach der Schilderung der Führung heißt es: »Legt die fremden Götter ab, denen eure Väter jenseits des Stromes gedient haben, und dient Jahwe.« 15 präzisiert das noch, indem es die Entscheidung zwischen

---

[32] M. R. weist SCHMITT a. a. O. S. 19 daraufhin, daß die Wurzel עבד in Jos 24 häufiger vorkommt als in ganz Dtr. und also wirklich das Thema von Jos 24 angibt.

[33] SCHMITT S. 45 f. zeigt, daß Traditionen aus der Königszeit eine Vorstellung belegen, nach der Israel erst in Palästina Jahwe verehren konnte, vgl. Am 5 25 (als bekannte Tatsache) II Reg 5 12 Ex 23 20 15 17; fremdes Land ist unrein Hos 9 3 Am 7 17 und ebenso die Wüste Jer 34 14.

[34] Dabei ist wohl kaum an eine völlig offene Entscheidung gedacht, wie E. FASCHER, Gott und die Götter, ThLZ 81 (1956) Sp. 283 meint. Vielmehr ist sie für das Volk dadurch vorbereitet, daß es Jahwes Führung kennt (2-15), vgl. SCHMITT a. a. O. S. 48 ff. Auch ist wohl nicht eine Entscheidung zwischen Leben und Tod gemeint (so ZIMMERLI und FOHRER, bei FASCHER a. a. O. A. 9); denn Sanktionen werden erst für die Zeit angedroht, wenn das Volk den Jahwekult angenommen *hat* und dann untreu wird (19 f.).

[35] M. R. legt SCHMITT a. a. O. S. 37 ff. dar, daß 2. 14 f. nicht zum Ausdruck bringen, Israel habe bis zum Moment der Entscheidung fremden Göttern gedient. Nach dem Text ist der Gott Israels, seit er den Vater aus Mesopotamien nahm, sein und seiner Nachkommen Gott. Der führende Gott kann selbst unmöglich zu den fremden Göttern gehören. Wenn die Bezeichnungen »Gott Abrahams ....« überhaupt einen Sinn geben sollen, kann man sie nur den führenden Gottheiten zuerkennen, wie Jahwe der Gott Israels ein führender Gott ist. Gegen NOTH a. a. O. S. 139; O. EISSFELDT, SVT 3 (1955) S. 99 f.; JSS 1 (1956) S. 31 f. 35 f.

a) den Göttern jenseits des Stromes[36], b) den amoritischen Göttern und c) dem führenden Gott (Jahwe) fordert. Genau genommen besteht also der eigentliche Gegensatz zwischen der einstigen Heimat der Vorväter und ihren Göttern einerseits und dem gegenwärtigen Landbesitz andererseits, zu dem der führende Gott das Volk gebracht hat. Dabei wird in 15 noch ausdrücklich zwischen dem führenden Gott und den Göttern der Einheimischen geschieden, was die beiden eigentlichen Pole nur umso schärfer beleuchtet; denn die übrigen Jahwetaten[37] demonstrieren nun nur, daß das Volk Jahwe kennt und mit ihm vertraut ist.

Demnach findet sich also auch in Jos 24 2-15 ein vorgegebener Rahmen, der konstituiert wird vom Einst der Zeit, bevor der führende Gott den Vater aus Mesopotamien führte, und dem Jetzt des Landbesitzes, das durch die Führung geschaffen wurde. Allerdings ist die Ausgangssituation des Vaters je verschieden. Aber das hängt offenbar mit den Ritualen zusammen, denen die Führungsaussage je zugeordnet ist. Dtn 26 lobt bei der Abgabe der Erstlinge das herrliche Land und schildert den Vater entsprechend als אבד. Jos 24 zielt auf das Ablegen fremder Götter und zeigt daher die Vorväter in fremdem Land mit fremden Göttern, bis der führende Gott den Stammvater von da wegziehen läßt.

In den Rahmenaussagen von Dtn 25 5 ff. und Jos 24 2-15 zeigt sich daher noch eine Tradition, nach der der Vater von seinem Gott unmittelbar in Beziehung zum neuen Land gesetzt wird, und diese muß in beiden Fällen den Ursprung der ganzen Formel gebildet haben, in den die übrigen Führungen eingefügt sind. Über das Alter dieser Tradition kann man vorerst nichts sagen. *Terminus ad quem* ist das deuteronomistische Schrifttum. Aber die wiedergegebenen Rituale und die zu ihnen gehörenden Reden sind sicher älter[38].

---

[36] In 15 bα muß »und in Ägypten« Zusatz sein, da fremder Gottesdienst dort vorher nicht erwähnt wird. Auch die Pentateuchtradition weiß nichts davon. Mit Noth a. a. O. S. 135; gegen Fascher a. a. O.; Schmitt a. a. O. S. 45f.

[37] Diese gruppieren sich in 3 Perioden: a) Väterzeit 3 f.; b) Exodus und Wüstenzeit 5-7; und c) Landnahme 8-13. Die Schilderung der Kriegsereignisse hat offenbar den Sinn zu zeigen, daß Jahwe mächtiger ist als die Götter der »Amoriter«, also die Landesgötter. Da man vom Exodus mit großer Wahrscheinlichkeit sagen kann, daß er ursprünglich ein selbständiges Bekenntniselement bildete, bleiben nur die beiden anderen Gruppen »Stammvater — Land — Vermehrung daselbst« und »Jahwes Macht im neuen Land«. Die Bezogenheit von Stammvater und Land ist hier ganz unbezweifelbar.

[38] Es sei nur auf die Erwägungen G. v. Rads a. a. O. S. 11 ff. 14 ff. verwiesen.

§ 3. Der Stammvater

BEEK hat auch die Frage kurz gestreift, ob in Dtn 26 5a Abraham oder Jakob gemeint sei[39]. Obwohl man nicht ganz sicher gehen könne, sei doch wahrscheinlich Jakob jener ארמי אבד[40], weil er auch den Namen Israel habe[41]. Wenn man Dtn 26 5aα nicht, wie BEEK das tut, von seinem Kontext trennt, gibt es jedoch jene Alternative nicht; denn

---

[39] A. a. O. S. 211.

[40] Die Begründung BEEKS dafür, daß nicht Abraham gemeint sein könne, ist allerdings sehr schwach: Abraham werde entweder als Hebräer bezeichnet (Gen 14 13), oder man sage von ihm, daß er aus Ur-Kasdim gekommen sei (11 28. 31 15 7 Neh 9 7). — Aber daß Angehörige aramäischer Verbände nicht Hebräer genannt werden konnten, ist ganz unwahrscheinlich, vgl. RGG 3. Aufl., Bd. 3 ad vocem. Die Erwähnung der Chaldäer im Ortsnamen Ur-Kasdim aber stellt auf jeden Fall einen Anachronismus dar, vgl. RGG Bd. 1 »Chaldäer«. — Die alte These, daß Ur-Kasdim nicht in Südbabylonien gelegen haben könne, sondern in Nordmesopotamien gesucht werden müsse, hat unlängst wieder C. H. GORDON, JNES 17 (1958) S. 30 verteidigt. Kernstück seiner Argumentation ist, daß die aus der griechischen Tradition bekannten Chaldoi dort einst ihr Einflußgebiet gehabt haben sollen. Aber XENOPHON, auf den GORDON sich vor allem beruft (Anabasis iv 3. 4; v 5. 17; Cyropaedia iii 1. 34), traf auf sie, als er das Land der Carduchoi in nördlicher Richtung verließ, welches am Ostufer des Tigris mit dem Kentrites als Nordgrenze lag. Demnach müssen sich die Chaldoi in ihrem eigentlichen Kerngebiet mit dem Vansee als Zentrum befunden haben, vgl. PAULY-WISSOWA, Bd. 6 (1899) »Chaldoi« und »Carduchoi«. Zudem ist aus vorgriechischer Zeit nur der Name ihres Hauptgottes Chaldi belegt, während die Assyrer ihr Land Uruatru und Urartu (vorher Nairi-Land), sie selbst aber Biaini-Land nannten, vgl. H. SCHMÖKEL, Geschichte des Alten Vorderasiens, Handbuch der Orientalistik Bd. 2, 3. Abschn. (1957) S. 166 (Belege ab Salmanasar I, 1273—44 v. Chr.). Erst unter Isupuinis und Menua (828—785 v. Chr.) gehört Mesopotamien zu ihrem Einflußgebiet, das Sardur II (753—35) für kurze Zeit bis nach Aleppo ausdehnen konnte. Für die Lokalisierung von Ur-Kasdim kann man sich daher nicht auf die Chalder stützen. — In: New Horizons in OT Literature (1960) S. 15 hat GORDON Orrhai-(Orrha-Edessa) zur Identifikation vorgeschlagen. Dieser Ortsname ist vorhellenistisch, auch wenn er erst in griechischen Quellen bezeugt ist. (Einen Ortsnamen Osroe, wie W. BAUER, RGG Bd. 2 »Edessa« angibt, hat es nach E. KIRSTEN, RAC Bd. 4, 1959, Sp. 553 nie gegeben. Der Name kommt nur bei PROCOP vor und bezeichnet dort den 1. Herrscher von Orrha, Orrhaj bar Hevja. Dem entspricht, daß weder in PAULY-WISSOWA, Bd. 36,1 noch in W. PAPE, Wörterbuch der griechischen Eigennamen, 3. Aufl. (1863 ff.) ein derartiger Ortsname angeführt wird.) Aber über die vorhellenistische Geschichte dieses Ortes ist nichts bekannt, vgl. E. KIRSTEN a. a. O. — Der Große Brockhaus Bd. 3 (1953) »Edessa« gibt an, daß die aus sumerischen, akkadischen und hethitischen Quellen bekannte Stadt Uršum der Vorgänger von Edessa sei. Eine Bestätigung dieser These von anderer Seite zu finden, ist mir bisher nicht gelungen.

[41] Dies ist die übliche Meinung, vgl. z. B. v. RAD a. a. O. S. 65; G. A. DANELL, Studies in the Name of Israel (1946) S. 34 n.; NIELSEN a. a. O. S. 88 A. 3 und S. 94; NOTH, zuletzt in: Die Ursprünge Israels im Lichte neuer Quellen a. a. O. S. 31.

zwar zieht nach der Tradition auch Abraham nach Ägypten (12 10 ff.), aber nur das Haus Israel-Jakobs bleibt dort und wird dort zu einem großen Volk. Entscheidend ist aber, daß, wenn man Dtn 26 1-11 zunächst ohne Rücksicht auf die Genesis aus sich heraus versteht, nur der Vater Israel gemeint sein kann, da der Ben Israel im Gesetz angeredet wird und er das Bekenntnis spricht. Die Genesis zeigt dann, daß man tatsächlich von Israel als einem der Erzväter sprach.

Demgegenüber setzt Jos 24 eindeutig beim Vater Abraham ein. Aber bei näherem Zusehen zeigen sich in der Darstellung der Väterzeit einige auffällige Sprünge. So heißt es nach 3 bα »Und ich machte zahlreich seinen Samen« in 3 bβ: ». . . und gab ihm Isaak«. Das kann unmöglich die ursprüngliche Fortsetzung von 3 bα gewesen sein. Demnach kann weder 3 bβ noch 4 a zum ursprünglichen Text gehört haben, da man 4 a. bα nicht von 3 bβ[42] trennen kann. Einen weiteren Zusatz findet man aber offenkundig in 2 aβ: »Therach, der Vater Abrahams und Nahors«[43], so daß die Überarbeitung wohl überhaupt die Tendenz hatte, Einzelheiten der Genesisüberlieferung und d. h. vor allem die Namen der Väter einzufügen. Da nun der Name Abraham (3 aα) nach Ausscheiden von 3 bβ. 4 a in der Luft hängt und seiner Stellung wegen leicht zugefügt sein kann, kann man nur schließen, daß auch er nicht ursprünglich sein dürfte.

Eine Vorform des gegenwärtigen Textes muß daher folgende Aussagen gemacht haben: a) Gott nahm den Vater aus dem Land seiner Väter, führte ihn nach Kanaan und ließ ihn im ganzen Lande umhergehen, das dieser durch den *ambitus* vorwegnehmend als zukünftigen Besitz abschreitet (*2. 3 a)[44]. — b) Gott vermehrte in diesem Lande die Nachkommenschaft des Vaters und machte sie zahlreich. — Es fehlt also nur noch der Schlußstein: Das Volk Israel ist diese stark vermehrte Nachkommenschaft, die daher zu Recht das Land in Besitz genommen hat, und die, weil sie diesen Besitz nur dem Gott verdankt, der den Urvater ins Land führte, gar nicht anders kann, als diesen Gott zu verehren: den Gott Israels[45].

Dadurch, daß ein traditionsgeschichtlich älteres Stadium sichtbar geworden ist, in dem der Urvater nicht mit Namen benannt war, tritt die besondere Beziehung der ganzen Handlung von Jos 24 zum

---

[42] Dagegen schließt sich 4 bβ gut an 3 bα an; denn bei den 12 Söhnen Israel-Jakobs kann man durchaus sagen, daß die Nachkommenschaft des Vaters zahlreich gemacht worden sei.   [43] Vgl. NOTH, Das Buch Josua z. St.: 2 aβ hinkt deutlich nach.

[44] Vgl. Gen 13 17, wo das gleiche Motiv vorkommt. Ähnlich die Schau des Landes: Gen 13 14 f. Dtn 34 1. 4 par., vgl. dazu D. DAUBE, Rechtsgedanken in den Erzählungen des Pentateuch, BZAW 77 (1958) S. 35.

[45] S. o. §2, die Rekonstruktion des Rahmens von 2-15. Es ist deutlich, daß die Erzählung mit 3 bα eigentlich schon am Ziel ist, während alles bis zur Landgabe Folgende nur *Jahwe* als den führenden Gott zeigen soll.

Namen Israel bzw. zum Gott Israels stark hervor. Wie oben[46] gesagt worden war, handelt Jos 24 wahrscheinlich von der Übertragung des Kultes des El Elohe Jisrael auf Jahwe Elohe Jisrael[47]. Demnach kann der Vater in diesem älteren Stadium der Tradition ebenfalls nur Israel gewesen sein. Da diese Erkenntnis jedoch durch Rekonstruktion eines Vorstadiums gewonnen worden ist, hat sie im Verhältnis zur direkten Bezeugung von Dtn 26 1-11 nur ergänzenden Wert.

Beide Bekenntnistexte, denen als Rahmen ein reines Vaterbekenntnis zugrundeliegt, weisen also eine besonders enge Verbindung zum Namen Israel auf. In Dtn 26 5 ff. kann nur der Vater Israel, in Jos 24 2 f. wird er wahrscheinlich ursprünglich gemeint sein. Die Verbindung »Gott Israels« ist den Gottesbezeichnungen »Gott Abrahams, Gott Isaaks und Gott Jakobs« ganz analog, und »Jisrael« kann ohne weiteres als Personenname gedeutet werden[48]. Schließlich kommt Israel in der Genesis als Einzelperson vor [49]. Daher erhebt sich die Frage, ob es einen Vater Israel unabhängig vom Vater Jakob gegeben hat oder ob Israel bloß die Verkörperung des Volkes ist, die nur früh auf Jakob übertragen wurde.

2. ABSCHNITT. DER STAMMVATER ISRAEL

In der Genesis ist neben 33 20 noch eine Tradition erhalten, in der der Name Israel fest verankert ist. Das ist die Umbenennung Jakobs in Israel, in der ja beide Namen unentbehrlich sind. Sie liegt in zwei Formen vor, von denen man die eine (32 29) im allgemeinen für vorpriesterschriftlich, die andere aber überwiegend für priesterschriftlich[1] hält (35 10). Wie mir scheint, ist vor allem eine Überprüfung der Erzählung von 35 10 erforderlich, die natürlich nur im Rahmen einer Interpretation von 35 6-15 möglich ist.

---

[46] S. 7.

[47] Der unbestimmtere Gottesname El — er kann sowohl Name als auch Appellativ sein, vgl. O. EISSFELDT, El im ugarit. Pantheon (1950) S. 5 ff. — brauchte dabei nur durch den profilierten Namen Jahwe abgelöst zu werden, soweit es die Kultformel für den Gott betrifft. Daß die Bezeichnung Elohe Jisrael seit uralter Zeit an Sichem haftet, zeigt C. STEUERNAGEL, Jahwe, der Gott Israels, BZAW 27 (1914) S. 343 ff.

[48] G. A. DANELL, Studies in the Name of Israel (1946) S. 22 ff.

[49] Gen 32 29 34 7 35 10. 21 f. 37 3. 13 43 6. 8. 11 45 28 46 1 f. 29 f. 47 27 48 2. 8. 11. 14. 20 f. 49 2 50 2.

[1] So etwa J. WELLHAUSEN, Comp. des Hex., 3. Aufl. (1899) S. 45 ff.; A. EHRLICH, Randglossen zur hebr. Bibel I (1908) z. St.; A. DILLMANN, Genesis, 6. Aufl. (1892) z. St.; E. KÖNIG Die Genesis (1919) z. St.; O. PROCKSCH, Die Genesis, 3. Aufl. (1924) S. 206; M. NOTH, Üb. des Pent. (1948) S. 18; G. v. RAD, ATD 4 (1953) z. St.; C. A. SIMPSON, Genesis, Int. Bible (1952) z. St.; anders H. GUNKEL, Genesis z. St., s. dazu gleich Näheres.

§ 1. Literarkritische Analyse von Gen 35 6-15

Als sichere Bestandteile der P-Erzählung darf man wohl ansehen: 6. 9[2]. 11-13 a (13 b Glosse)[3] 15[4]. Betrachtet werden soll vor allem der verbleibende Anteil. In 7 wird erzählt, daß Jakob einen Altar baut und der hl. Stätte den Gottesnamen »El Bethel«[5] zuruft[6]. Diese sehr gedrängte Aussage gibt die Kultstiftung in Bethel wieder: Der hl. Stätte ist der Gottesname zum erstenmal zugerufen worden, und fortan herrscht er an ihr.

Die Art der Anknüpfung von 8 an 7 erweckt den Eindruck, daß mit 7 alles Erforderliche über das Heiligtum von Bethel gesagt worden sei und die Erzählung nun zu einer anderen Stätte fortschreite. Ein Ausleger[7] ergänzt diesen Eindruck durch die Bemerkung, daß das מתחת לביתאל (8) eine Ortsveränderung voraussetze. Aber diese Schlußfolgerung ist nicht zwingend. Jener Ausdruck will offenbar den genauen Standort des hl. Baumes angeben, der von Bethel und damit wohl auch von der Nachbarschaft des El Bethel nicht zu trennen ist. Die Amme Debora wird in unmittelbarer Nähe des Heiligtums und,

---

[2] GUNKEL, Genesis z. St. hält 9 f. für sekundär in der vorpriesterschriftlichen Quelle (nach ihm J) zwischen 8 und 14. Wie fast allgemein beobachtet wird, paßt das עוד in 9 a nicht zu P, der vor der Rückkehr aus »Paddan-Aram« keine Gotteserscheinung in Bethel erzählt. Daraus folgert GUNKEL, daß 9 nicht zu P gehören kann. Dann stört aber 10 vor 11 f. und kann nur zu 9 gehören. Gegen GUNKEL wird man mit den meisten Auslegern sagen müssen, daß das עוד in 9 a redaktioneller Zusatz sein kann. Da aber 35 9. 11 f. an 28 3 f. anknüpfen und 9 in dem Namen »Paddan-Aram« ein deutliches P-Merkmal enthält, wird man GUNKEL nicht folgen können.

[3] EHRLICH a. a. O. verteidigt die Ursprünglichkeit von 13 b: Gemeint sei, daß Gott an eben der Stelle in den Himmel aufsteigt wie ein Mensch, an der er mit Jakob geredet hatte. Vielleicht sei dies ein Nachklang der Theophanie von 28 11 ff. — Aber der sprachliche Anschluß an 13 a ist hart. 13 b läßt sich wohl einfacher und glatter als Wiederholung der in 14 f. vorkommenden Redensart erklären.

[4] 15 muß zu P gehören, da beim Parallelfaden der Name Bethel schon längst bekannt ist (35 1. 3) und auch schon etymologisch »erklärt« wurde (28 17; s. dazu unten). Gegen v. RAD a. a. O.

[5] Eine ausführliche Diskussion der verschiedenen Lesarten von 7 a bei O. EISSFELDT, Der Gott Bethel (1930), in: Kleine Schriften I (1961) S. 213 f.: In LXX, Syr., Vulg. fehlt »El«. EISSFELDT bevorzugt diese Lesung, weil 7 b MT nur den Ortsnamen Bethel und nicht den Gottesnamen voraussetzte. — Aber 7 b bezieht sich natürlich auf den 7 a genannten »Ort«, dem der Gottesname zugerufen wird, und besagt, daß der Gottesname aus der Theophanie 28 11 ff. erhellt. Das gibt guten Sinn. — W. F. ALBRIGHT, Archaeology and the Religion of Israel (1946) S. 170 f. führt gegen den MT an, daß der »Gott Bethel« anderweitig erst seit dem 7. Jahrhundert v. Chr. belegt sei. Aber der Name wird kaum erst damals aufgekommen sein, s. die Erklärung. So bleibt es bei der *lectio difficilior* des MT.

[6] Vgl. den ähnlichen Ausdruck von 33 20 in bezug auf den Altar von Sichem.

[7] SIMPSON, The Early Traditions of Israel (1948) S. 121 f.

so will der Erzähler sagen, an einem seither ebenfalls verehrungs-
würdigen Ort bestattet. Daraus geht hervor, daß der Erzähler gerade
keine Ortsveränderung andeuten, sondern jenen Baum in engste
Nachbarschaft zu Heiligtum und Kult (Gott) von Bethel rücken will.
Dabei ergibt sich, daß das Heiligtum von Bethel auch äußerlich eine
gewisse Ähnlichkeit mit dem von Sichem bekommt, da der hl. Baum
von Bethel dem im Heiligtum von Sichem entspricht[8]. Daher bezieht
sich 14 auf das gesamte Heiligtum von Bethel[9]. Er enthält ein Er-
zählungselement, das 28 22a angekündigt worden war: Wenn die
Reise ins ferne Land segensreich abgeschlossen werden sollte, werde
Jakob dem Gott von Bethel ein »Gotteshaus« machen. Denn dies
Wort bezeichnet nicht nur Tempel, sondern auch steinerne Stelen[10].
35 14 gehört also untrennbar mit 28 22a zusammen[11] und kann daher
nicht als sekundäre Wiederholung von 28 18 verstanden werden[12].

So bleibt nur noch der problematische Vers 35 10. Dagegen, daß
er in der gleichen Quelle wie 9 und 11 f. gestanden hat, sprechen folgende Erwägungen: 1. 10 bβ folgt auf die Umbenennung als Abschluß-
formel[13], nach der man keinen neuen Redeeinsatz erwarten sollte.
2. In 11 beginnt die Gottesrede mit der Selbstvorstellungsformel »Ich
bin El Schaddai«. Es ist m. E. ganz unwahrscheinlich, daß der Gott
vor seiner Selbstvorstellung eine feierliche Umbenennung vollzogen
haben soll. 3. Der Vers zeigt keinerlei P-Merkmale[14].

---

[8] Man beachte, daß in beiden Fällen der Platz *unter* dem hl. Baum eine besondere
Rolle spielt. Zum Vergraben der fremden Götter unter dem Baum von Sichem s. u.

[9] Gegen die von GUNKEL a. a. O. z. St.; SIMPSON a. a. O. vertretene, letztlich anscheinend auf CORNILL, ZAW 11, S. 15 ff. zurückgehende These, 14 beschreibe die
Errichtung einer Stele am Deboragrab. Vgl. PROCKSCH a. a. O. S. 382.

[10] Vgl. dazu H. DONNER, Zu Gen 28 22, ZAW 74 (1962) S. 68 ff.: In *sfire* wurden Ver-
tragsstelen als בתי אלהיא bezeichnet. Dadurch wird eine Überlieferung des Philo
Byblius bestätigt, nach der Stelen als »Gotteshäuser« benannt worden seien.

[11] 14 kann unmöglich von P stammen, da die Errichtung und kultische Benutzung
einer Steinmassebe für die Gesetzgebung seiner Zeit sicher streng verboten war,
vgl. Lev 26 1 Dtn 16 22; danach Dtr.: Ex 23 24 34 14 Dtn 7 5 12 3.

[12] Inhaltlich stimmen sie auch nicht miteinander überein. Über 28 18 hinaus berichtet
35 14 von einem Trankopfer, und ganz betont spricht er von einer steinernen Massebe,
was deutlich zeigt, daß er ursprünglich im zugehörigen Zusammenhang zum erstenmal
von der Massebe gesprochen haben muß. D. h. 28 18 und 35 14 sind in Wirklichkeit
Dubletten. — Zu 28 22a s. nächste Seite.

[13] PROCKSCH a. a. O. S. 549 möchte 10 bβ allerdings streichen, da er in der LXX fehlt.
Aber die LXX enthält hier kaum die ursprüngliche Lesart, sondern dürfte einfach
glätten.

[14] So auch GUNKEL, a. a. O. z. St.; v. RAD, Die Priesterschrift im Hexateuch (1934)
S. 25 ff. hat bemerkt, daß 10 und 9. 11 f. nicht zueinander passen, ist aber ATD z.
St. auf diese Beobachtung nicht zurückgekommen. Im übrigen ist schon immer auf-
gefallen, daß P nach 35 10 nirgendwo »Israel« für Jakob sagt, während die älteren

Aber gibt 35 10 innerhalb der älteren Quelle 7 f. 14 einen Sinn und paßt er wirklich zu dieser Erzählung? Um das überschauen zu können, muß der erste Teil der Erzählung, nämlich 28 11-22 analysiert und interpretiert werden.

§ 2. Gen 28 11-22

Bei der Analyse von Gen 28 11 ff.[15] herrscht relative Einmütigkeit[16]. Im allgemeinen rechnet man 13-16 zu J, 12. 17. 20. 21a. 22a (22 b Glosse) zu E. Die Erfüllung des Gelübdes 22a E wird 35 14 erzählt; denn von einem Tempelbau weiß die Genesistradition nichts. Dann kann E in 28 11 ff. nicht das Errichten der Massebe wiedergegeben haben, d. h. 18 gehört zu J, und das kleine Sätzchen in 22 a »... den ich zur Massebe gemacht habe ...« muß den redaktionellen Ausgleich zwischen den beiden Varianten darstellen. Andernfalls ist die Ankündigung 22a sinnlos. — Ebenso ist 21 b Zusatz, selbst wenn man statt »Jahwe« »(ha-)El« liest[17]. Denn für den alten Erzähler war es wohl selbstverständlich, daß der El von Bethel durch seine Erscheinung Jakobs Gott wurde. Für ihn bedeutete das Gelübde, daß Jakob dem ihm erschienenen Gott dann einen Kult einrichten werde, wenn dieser ihn sicher geführt und heil nach Bethel zurückgebracht haben werde[18]. Wenn aber in 22 a der redaktionelle Ausgleich hergestellt war, mußte im Gelübde etwas angekündigt werden, was Jakob noch nicht getan hatte. So blieb in 35 7 f. 10. 14 als Tat Jakobs nur noch die Ausrufung des Gottesnamens[19]. Das führte zum Zusatz 21 b. — Wenn 18 zu J gehört, muß 11 *communis* sein, da sich *22a E und 18 J auf ihn beziehen[20]. Ebenso ist wohl 19 *communis*, da E den Namen Bethel in 35 1. 3 benutzt und J in 16 eine etymologische Anspielung

---

Quellen einen Wechsel in der Benennung zeigen. Das spricht deutlich gegen P. (Vgl. Dillmann a. a. O. S. 377). — Endlich entsprechen 35 11 f. genau dem Segenswunsch 28 3 f. und dem Resumée 48 3 f. P, ohne daß dort die Umbenennung erwähnt würde.

[15] 10 kann als redaktionelle Überleitung übergangen werden.

[16] Vgl. die Übersicht über die neuere Literatur bei E. L. Ehrlich, Der Traum im AT, BZAW 73 (1953) S. 27.

[17] So mit ausführlicher Erwägung des Für und Wider Eissfeldt a. a. O. S. 208 f.; und Ehrlich a. a. O. nach Smend, Die Erzählung des Hexateuch (1912) S. 71.

[18] S. o. S. 6 f. zu Jos 24.

[19] Dieser Akt gehörte ursprünglich einfach zur Kultgründung, die durch 28 22 a bis zur Rückkehr aus Mesopotamien verschoben war. Daß aber der El Bethel Jakobs Gott ist, zeigt 31 13.

[20] Der Stein als Kopfunterlage ist noch bei den modernen Fellachen gebräuchlich, vgl. Ehrlich a. a. O. S. 30.

bringt, aber Jakob nicht nach Bethel zurückkehren läßt. Damit ergibt sich als Quellenscheidung: 11. 13-16. 18 f. J ; 11 f. 17. 19. 21 a *22 a E.

Die bisherige Analyse zeigt bereits, daß die Bethelerzählung 35 7 f. 10. 14 nicht so brüchig sein kann, wie man bisher weithin angenommen hat[21]. Der E-Faden von 28 11 ff. ist vielmehr ohne seine Fortsetzung in Kp. 35 nicht denkbar. Zudem bewahrt 35 14 zusammen mit 28 22 a einen altertümlichen Zug. Er erhellt wohl den Gottesnamen, der bedeuten sollte: Der El des Gottessteines[22]. Diese Be-

---

[21] Charakteristisch für die Meinung der meisten Ausleger ist das Urteil A. ALTS, Die Wallfahrt von Sichem nach Bethel (1938), Kl. Schr. I (1959) S. 79 A. 1.

[22] EISSFELDT hat auch neuestens in RGG Bd. I »Bethel« im Anschluß an den Aufsatz »Der Gott Bethel« a. a. O. dargelegt, daß Gen 31 13 als Beleg für den Gott Bethel zu gelten habe. (Zu 35 7 s. o. S. 21 A. 4.) Aber die Meinung des Textes, der in 29 17 (*22 a) 35 7 darüber Auskunft gibt, ist das sicher nicht. — 35 7 hilft vielleicht auch zum Verständnis von 49 24: מִשָּׁם רֹעֶה אֶבֶן יִשְׂרָאֵל. An den beiden letzten Worten des MT wird man nichts ändern und in ihnen keinen Gottesnamen sehen dürfen, sondern das Wort »Israelstele«. LXX: ἐκεῖθεν ὁ κατισχύσας ᾿Ισραηλ setzt keinen anderen Text voraus, sondern deutet wohl »von dort ist der, der wie einen Stein zerschlug Israel«, das sie als bildhaften Ausdruck nahm. (Mit Ausfall des ה von רעה vor dem folgenden א, vgl. die Ähnlichkeit in der frümaramäischen Schrift in »The Bible and the Ancient Near East« S. 137 Schrift 6, 2. א und 1. ה, also: מִשָּׁם רֹע אֶבֶן יִשְׂרָאֵל.) Auch Syr. und Targ. Onk. setzen keinen anderen Text voraus, soweit es die Konsonanten betrifft. So muß man wohl mit leichter Variation der Vokalisation von רעה übersetzen: der Herr (Beherrscher) des Israelsteines, d. h. der Herr, der am Israelstein herrscht. Mit DILLMANN a. a. O. z. St. (nach HERDER und EWALD). Nur dürfte es sich, gegen DILLMANN, um den Stein von Sichem und nicht um die Massebe von Bethel handeln, vgl. NIELSEN a. a. O. S. 130. — M. E. kann man 49 24 f. ohne größere Konjekturen verstehen, wenn man wie folgt abtrennt:
»Da blieb sein Bogen an ursicherem Ort, und die Arme an seinen beiden Seiten handelten schnell.
Aus den Händen des Starken Jakobs,
von dort, wo der ist, der am Israelstein herrscht,
vom El deines Vaters — er hilft dir —
und bei Schaddaj — er segnet dich —
sind die Segnungen des Himmels oben,
die Segnungen der Urflut, die drunten lagert . . .«
Zur Übersetzung von 24 b vgl. GESENIUS-KAUTZSCH-BERGSTRÄSSER, Hebräische Grammatik, Neudruck 1962, § 147c zum unvollständigen Satz, der nur aus einem Ausruf besteht. In diesem poetischen Text paßt m. E. eine solche Deutung ausgezeichnet, zumal 25 a so fortfährt, daß der Sinn der Ausrufe nicht zweifelhaft ist: ». . . er hilft dir . . . er segnet dich . . .« 26 a »Die Segnungen deines Vaters . . .« blicken auf 25 a zurück und bestätigen die angegebene Deutung. Den Versionen blieb der Sinn des Textes dadurch unklar, daß sie 24 b mit dem Vorhergegangenen zu verbinden suchten, das in einer Episode Josephs Kriegsruhm verkündet (23 b. 24 a). In 24 b. 25 a werden aber die Heiligtümer bzw. die jeweiligen Repräsentationen Gottes an ihnen aufgezählt, von denen her Joseph Segnungen zuteil werden. Die kultische

deutung ist jedoch beim Elohisten dadurch überlagert, daß der Maqōm von Bethel als Beth Elohim bezeichnet (28 17) und ihm der Gottesname El Bethel zugerufen wird. Darüber hinaus trennt er die Namenausrufung vom Errichten der Stele durch die Handlungen 8 und 10[23].

Inwiefern gehört nun 10 in den aufgezeigten Rahmen? Das erhellt 33 20 35 1-5[24]. In Sichem erhält Jakob von Gott, also vom Gott Israels (33 20), den Auftrag, in Bethel dem Gott einen Altar zu bauen, der ihm dort erschienen war (35 1)[25]. Daraufhin vollzieht Jakob in Sichem das Ritual des Ablegens der fremden Götter als Vorbereitung für die Wanderung nach Bethel (2-4). Dann verläßt Jakob Sichem, baut in Bethel den Altar und ruft an der hl. Stätte den Namen El Bethel an (5. 7). Da überträgt Gott ihm feierlich den Namen Israel (10), und so stiftet Israel den Kult von Bethel (14).

Da nun Jakob 1. erst den sichemitischen Kult begeht, ehe er nach Bethel zieht, da andererseits 2. ausdrücklich auf die Jakob in Bethel zuteilgewordene Erscheinung des El Bethel Bezug genommen wird (1. 7) und 3. gleichwohl der El Elohe Jisrael den Auftrag zum Bau des Altars und zum Bleiben in Bethel erteilt (1) und schließlich 4. Jakob unter dem Namen Israel den Kult von Bethel eröffnet, kann das nur bedeuten, daß der Kult von Bethel durch den El Elohe Jisrael von Sichem *legimitiert* werden soll. Eben darum muß Jakob den Kult von Sichem begehen, ehe er nach Bethel zieht, darum erhält er in *Sichem* vom Elohe Jisrael den Auftrag, dort einen Altar zu bauen und dort wohnen zu bleiben, und aus diesem Grunde wird auch der Name Israel, der in Sichem haftete, in Bethel eingeführt.

Vermittlung zeigt sich vor allem in den beiden Aussagen von 24 b. — So gegen die neueste Konjektur von M. DAHOOD, Biblica 40 (1959) S. 1002 ff.

[23] Auch von dieser Seite erhält also die oben S. 12 f. vorgetragene Einordnung von 8 und 14 eine Bestätigung. — Der gleiche Vorgang der Überlagerung einer älteren Darstellung findet sich bekanntlich in 33 20. Das Verb ויצב fordert die Fortsetzung מצבה, vgl. J. WELLHAUSEN, Die Composition des Hexateuch, 3. Aufl. (1899) S. 48. Diese Überlagerung kann man aber durchaus schon dem Elohisten zutrauen, wie die Bethel-Parallele zeigt. — Die Ähnlichkeit der beiden Kultorte muß ursprünglich sehr groß gewesen sein. Die eine Massebe hieß El Elohe Jisrael, die andere: El der Gottesstele. An beiden Orten gab es eine hl. Stätte an einem Baum und beidemal ist die Stelle unter dem Baum besonders tabu.

[24] Gen 34 ist sicher ein Einschub zwischen 33 18-20 und 35 1 ff., vgl. ALT a. a. O. S. 80.

[25] NOTH, Üb. des Pent. S. 87 meint, der Ausdruck »Der dem N. N. erschienene Gott« gehe auf eine feste kultische Formel zurück, die speziell in Bethel gebräuchlich gewesen sei. Aber der Ausdruck wird auch in Sichem verwandt (12 7), und gegen die Formelhaftigkeit spricht der Wechsel von נראה (35 1) und נגלו (35 7). Ferner kann man 31 13 nicht zum Beweis heranziehen, da erst die LXX den entsprechenden Passus hat und der Vers bereits nach dem MT überfüllt ist, vgl. EISSFELDT, Der Gott Bethel a. a. O. S. 213.

Der Kult von Bethel ist legitim, weil der Gott Israels ihn angeordnet hat und er Kult »Israels« ist, wie die feierliche Benennung Jakobs mit dem Namen Israel zeigt. Wie der Name El Bethel für den Kult, so ist der Name Israel für die Teilnehmerschaft am Kultort ausgerufen worden[26].

Es ergibt sich also, daß 35 10 innerhalb der Erzählung 1-14 nicht nur einen höchst sinnvollen, sondern im sachlichen Zusammenhang auch ganz und gar notwendigen Platz einnimmt. Ehe daraus alle erforderlichen Schlüsse gezogen werden, bleibt zu prüfen, ob die zweite Tradition von der Umbenennung Jakobs in Israel eine ebenso feste Verankerung im Kontext zeigt wie 35 10 und wie sich beide zueinander verhalten.

§ 3. Gen 32 23ff.

Der Analyse der Perikope von Jakobs Kampf am Jabbok stehen bekanntermaßen ganz besondere Schwierigkeiten entgegen[27]. Neuerdings mehren sich die Stimmen, die für die Einheitlichkeit des Textes plädieren[28]. Diese Auffassung scheitert jedoch an einer Schwierigkeit, die bisher noch kein Exeget befriedigend hat erklären können: Während 26 a. 27. 29 unzweifelhaft sagen, daß Jakob über den »Mann« gesiegt habe, spricht 31 b ganz unmotiviert davon, daß Jakob gerade noch seine Seele habe retten können[29]. Dazu kommt, daß 25 b von

---

[26] Einen der Züge, welche die Zusammengehörigkeit von Sichem und Bethel unterstrichen, hat die Überlieferung völlig verwischt. Zur Massebe in Sichem — vgl. o. A. 23 — wurde der Gottesname »El Elohe Jisrael« gesprochen. Der in Bethel gebräuchliche Gottesname hieß aber einfach »El der Gottesstele«, und diese Stele ist die Gottesstele Israels, weil *Israel* (35 10) sie einweihte und errichtete (14). Die Verwandtschaft der beiden Masseben muß daher ursprünglich einmal offen zutage getreten sein.

[27] Vgl. die treffenden Bemerkungen von P. A. H. DE BOER, Gen 32 23-33, Ned. Theol. Tijdschr. 1 (1947) S. 149f.

[28] Eine Übersicht über Vertreter von Einheitlichkeit und Doppelfädigkeit bietet K. ELLIGER, Der Jakobskampf am Jabbok, ZThK 48 (1951) S. 21 A. 2; F. VAN TRIGT, La signification de la Lutte de Jacob près du Yabboq, OTSt XII (1958) S. 280ff.

[29] Einen umfassenden Versuch, sie zu erklären, hat m. W. in neuerer Zeit nur ELLIGER a. a. O. S. 24ff. unternommen. Die Diskrepanz zwischen 29 und 31 beseitigt er, indem er annimmt, daß Jakob auch nach 29 der hoffnungslos Unterlegene sei. Ferner meint er, daß die Wurzel שׂרה in 29 eine negative Beurteilung Jakobs beinhalte. Aber Beides kann er nur mit reformatorischer Theologie und nicht aus dem Text begründen. Denn daß Jakob unterlegen sei, sagt eben wirklich erst 31 b und 29 das Gegenteil. Ebensowenig weiß der Text von 29 b irgendetwas von einer negativen Beurteilung Jakobs. Zweifellos deutet er den Namen Israel als hohen Ehrennamen. ELLIGERS Versuch betrachte ich daher als gescheitert. — VAN TRIGT geht auf diese Schwierigkeit nicht näher ein.

einem geheimnisvollen Mann und 29 b vom Sieg über Gottwesen und Menschen[30] zu erzählen weiß und den Partner Jakobs offenbar bewußt im Zwielicht beläßt, zu dem er gehört (27 a. 32 a), während 31 b plötzlich Gott selbst, also Jakobs Gott, einführt[31]. 31 b paßt also ganz und gar nicht zu anderen im Text vertretenen Motiven.

31 b steht aber nicht allein. Man kann unmöglich bestreiten, daß 23 und 24 Dubletten sind. Nach 23 überschreitet Jakob die Furt mit den Seinen und befindet sich demnach bereits von Mahanaim aus gesehen auf dem jenseitigen Ufer, auf dem auch das alttestamentliche Pnuel lag[32], während er nach 24. 25 a auf dem diesseitigen Ufer zurückblieb und den Kampf beim Überschreiten der Furt bestehen mußte. Mit 23 stimmt offenbar 31 überein, nach dem Jakob sich beim Kampf bereits an der Stelle von Pnuel befindet[33], während 24. 25 a dem widersprechen. Zu ihnen gehört offenbar 32, nach dem Jakob erst bei Sonnenaufgang an Pnuel vorüberzieht. Damit ist bereits der Grundstock einer Parallelversion nachgewiesen.

Fragt man sich nun, ob in dem verbleibenden Text irgendein Element erhalten ist, das zu dem Ausruf 31 b hinführen könnte, so wird man sicher an 30 a denken müssen. Denn indem der Partner die Angabe seines Namens verweigert, kann Jakob erkennen, daß sein Gegenüber göttlicher Natur ist. Diese Beobachtung für sich ermöglicht es jedoch nicht, 30 a zu der bisher herausgearbeiteten Parallelversion zu stellen. Aber 30 a unterbricht den Zusammenhang von 24-29 und 30 b: Der »Mann« erkennt, daß er im Kampf der Unterlegene ist, und versucht daher, Jakob durch einen Zauber[34] (26 a) so zu demoralisieren, daß er der Aufforderung zum Loslassen nachkommt (27 a). Aber das mißlingt. Jakob stellt zur Bedingung, daß der Mann ihn zuvor segnet (27 b). Der »Mann« aber segnet Jakob nicht nur, sondern gibt dem Segen den Charakter eines einschneidenden Ereignisses in

---

[30] Vgl. zu diesem Ausdruck A. M. Honeyman, Merismus in the Bible, JBL 71 (1952) S. 16: Gemeint ist der Sieg über alle Lebewesen, von den Menschen bis hin zu den Gotteswesen. Das ist offenbar ein Lobspruch für Jakob, hinter dem man keine verlorengegangenen Jakoberzählungen vermuten darf, wie das Skinner, Genesis ICC, 2. Aufl. (1930) S. 409 f., gefolgt von van Trigt a. a. O. S. 289, tat. — M. R. betont Elliger a. a. O. S. 24, daß auch hier im Blick auf Jakobs Partner verhüllend gesprochen wird.

[31] Elohim kann hier nicht mehr pluralisch als Gottwesen aufgefaßt werden. Dagegen spricht das »von Angesicht zu Angesicht«, das eben nur im Gegenüber des wirklichen Gottes Entsetzen auslöst.

[32] Pnuel entspricht dem heutigen tell ed-dahab esch-scherḳi, vgl. M. Noth, ZDPV 75 (1959) S. 33 und dazu die Karte S. 19. Eine gestrichelte Linie führt dort ungefähr von Mahanaim (tell heddschädsch) nach Pnuel.

[33] Gegen Noth, Üb. des Pent. S. 31 A. 98 ist also 23 b kein unsachgemäßer Zusatz.

[34] So m. R. Elliger a. a. O. S. 24, vorsichtig zustimmend van Trigt a. a. O. S. 285. 287.

Jakobs Leben, indem er zusammen mit dem Segen Jakob einen neuen Namen, einen Segensnamen erteilt. Israel soll er heißen; denn bei seinem beharrlichen Kampf mit allen Gegnern, von den »Göttern« bis zu den Menschen, hat Jakob sein Ziel erreicht. — Demgegenüber kreuzt 30a die Segensforderung von 27b und unterbricht offenbar den beabsichtigten Zusammenhang von Namengebung und Segen[35]. 30a muß daher zur Parallelversion gehören[36].

Im übrigen besteht eine Härte nur noch in der Aufeinanderfolge von 26a und 26b. Sie ist nicht unüberwindlich. Da man es aber sicher mit zwei Parallelversionen zu tun hat, fällt auf, daß nach 26b die Hüfte sich anscheinend durch die normalen Kampfumstände verrenkt, während 26a von einem zauberhaften Berühren der Hüfte spricht[37]. Zudem setzt 26b nach 26a sehr hart ein, und 26b wirkt schwerfällig nach der Kampfschilderung 26a. Glatter wird der Zusammenhang m. E., wenn man 26b zu 23. 30a. 31 rechnet. Als Parallele bleibt: 24-26a. 27-29. 30b. 32f.[38]. Diese Variante erzählte also von einem Kampf des Jakob mit einem untergeordneten göttlichen Wesen, bei dem Jakob Sieger bleibt und in ausgezeichneter Weise den Segen des Göttlichen empfängt, den man sich in Israel gewiß nicht ohne Verbindung zu Jahwe selbst vorstellen kann[39]. Die andere kennt einen Kampf

---

[35] Wie wenig 30a in den Zusammenhang von 27-29 und 30b paßt, geht auch daraus hervor, daß der Unterlegene der Segensforderung nachkommen muß, der Namensfrage aber nicht. — In der Parallelversion aber ist Jakob der Unterlegene (31b). Als Einleitung zu 31b ist dort 30a ganz zwingend. Gegen SIMPSON a. a. O. S. 722ff., der 30a für eine spätere Spekulation hält.

[36] Bei der Harmonisierung der Varianten durch den R[JE] erhielt 30a gleichwohl die bestmögliche Stellung. Nach dieser Darstellung soll Jakob bei den Worten: »Du hast mit ‚Göttern' und Menschen gekämpft...« die erschreckende Ahnung bekommen, daß er vielleicht doch nicht mit einem untergeordneten Wesen, sondern, wenn auch verhüllt, mit Gott selbst gekämpft hat, und zur Vergewisserung die Frage nach dem Namen gestellt haben. Daher *muß* jetzt die Namensfrage die Segensbitte kreuzen. — Man kann fragen, ob diese Deutung nicht die Notwendigkeit der Quellenscheidung aufhebt und die Erzählung eben doch als einheitliche verständlich ist. Aber m. E. hebt die Erkenntnis der sinnvollen Harmonisierung der Motive die Erkenntnis ihrer ursprünglichen Widersprüchlichkeit nicht auf.

[37] Der, dessen Hüfte berührt wird, ist auch nach 26a Jakob, so mit PROCKSCH, Die Genesis (1913) S. 360; J. SCHILDENBERGER, Scripta et Documenta I (1953) S. 61; VAN TRIGT a. a. O. S. 286f.; gegen W. M. MÜLLER, B. LUTHER, E. MEYER, H. GUNKEL, zitiert bei GUNKEL a. a. O. S. 361; gegen SIMPSON a. a. O. S. 722f.; O. KAISER, Die mythische Bedeutung des Meeres in Ägypten, Ugarit und Israel, BZAW 78 (1959) S. 95f.

[38] Ähnlich SIMPSON a. a. O.; allerdings scheidet er zwischen J[1] und J[2].

[39] Soweit kann man H. EISING, Formgeschichtliche Untersuchung der Jakoberzählung der Genesis, Emsdetten 1940, S. 124 Recht geben. EISING möchte mit Verweis auf Jdc 6 11f. 13 3ff. zeigen, daß schon in 26. 29 Gott selbst gemeint sein

mit Gott selbst, der zunächst in der Gestalt des »Mannes« verborgen bleibt. Jakob unterliegt und erkennt an der Verweigerung einer Antwort auf die Namensfrage, daß Gott selbst sein Gegner war. Ort des Kampfes ist hier Pnuel.

Da nun die Version 23. 26 b. 30 a. 31 den Gottesnamen Elohim gebraucht (31 b), während die Parallele Gott selbst nicht erwähnt[40], ergibt sich die Aufteilung in Elohist und Jahwist von selbst[41]. Also ist es der Jahwist (24-26 a. 27-29. 30 b. 32), der die Umbenennung Jakobs in Israel erzählt.

Die Umbenennung ist aber sichtlich in ihrem Kontext nicht sehr fest verankert. Die Wurzel שׂרה (29 a) wird in der Erzählung durch nichts vorbereitet. Statt dessen verwendet diese die Wurzel אבק nif. zur Bezeichnung des Kampfes, die vielmehr an die Namen יעקב und יבק anklingt[42].

Vergleicht man nun 28. 29 a unvoreingenommen mit 35 10, so ergibt sich unzweifelhaft, daß 28. 29 a die feierliche Formel 35 10 in Erzählung umgesetzt haben[43], indem sie an das Kampfmotiv der Jabbokerzählung anknüpften[44]. Man kann daher mit großer Wahrscheinlichkeit sagen, daß 32 28. 29 a gegenüber 35 10 sekundär ist [45] und für die weitere Untersuchung des ursprünglichen Sinns der Umbenennung ausscheiden muß[46].

---

müsse, und versteht das Verrenken der Hüfte als ein Zeichen zur Bekräftigung der Anwesenheit Gottes wie Jdc 6 21 13 19. Aber im Unterschied zu jenen Stellen wird das Verrenken der Hüfte nicht als solch ein Zeichen gedeutet.

[40] »Elohim« in 29 b ist pl., s. o. A. 30.

[41] Zu Noths Bestreitung der Quellenhaftigkeit von 32 23 ff. (Üb. des Pent. S. 111) s. u. § 6. — Wer die Erzählung für einheitlich hält, müßte sie mit van Tright a. a. O. S. 291 ff. für elohistisch halten, wenn er nicht wie P. Volz, Der Elohist als Erzähler — ein Irrweg in der Pentateuchkritik? (1933) und S. Rudolph, Der »Elohist« von Exodus bis Josua (1938) die Existenz des Elohisten überhaupt ableugnet.

[42] Elliger a. a. O. S. 8 meint allerdings, diese Anspielung existiere nur in den Köpfen einiger Exegeten. S. dagegen die Ähnlichkeiten von יעקב, יאבק und יבק.

[43] Vgl. die fast wörtliche Übereinstimmung von 29 a und 35 10 bα und die Auflösung von 10 aβ in 32 28.

[44] 29 wird stattdessen einmal gelautet haben: כי יאבקו אלהים ואנשים עמך ותוכל.

[45] Dieser Schluß behält auch dann seine Gültigkeit, wenn man die Erzählung nach wie vor für einheitlich hält.

[46] Zum traditionsgeschichtlichen Vergleich von J und E kann man noch bemerken, daß J bis auf die Umbenennung Jakobs sicher die ältere und wertvollere Version der Sage bewahrt hat. Die E-Erzählung ist durch das Motiv der Namensätiologie von Pnuel so sehr bestimmt, daß bei ihr das Gegenteil zur J-Erzählung herauskommt. Es ist wohl auch nicht ganz zufällig, daß Gott nach ihr keinen Ringerkniff oder Zauber anwendet (26 b) wie bei J (26 a). E bietet eine Heiligtumssage, J eine Sage von der Erfahrung eines Nomaden an einer bedrohlichen Furt.

§ 4. Die Bethel-Erzählung

Die Interpretation des elohistischen Fadens der Bethel-Erzählung war dabei stehengeblieben, daß 35 1-5a. 7f. 10. 14 die Legitimation des Kults von Bethel durch den Gott und den Kult von Sichem geschildert haben muß. Aus der Interpretation selbst ergab sich schon, daß die Umbenennung Jakobs in Israel alte Tradition sein muß. Die Untersuchung der jahwistischen Erzählung von 32 *23 ff. hat das insofern bestätigt, als offenbar auch J diese Tradition gekannt, aber in anderem und sichtlich sekundärem Zusammenhang verwandt hat. In ähnlicher Weise wird man fragen müssen, ob sich auch der Rest der elohistischen Bethelerzählung als alte, J und E gemeinsam vorliegende Tradition erweisen läßt oder nicht.

Während der Jahwist nur eine einheitliche Bethelerzählung bietet, hatte E sie in zwei Szenen aufgeteilt: a) die Theophanie 28 11f. 17. 19f. 21a.* 22a. Anschließend wandert Jakob nach Mesopotamien. b) Nach seiner Rückkehr weiht er den Kultort Bethel auf Befehl des Elohe Jisrael von Sichem ein 35 1-5a. 7f. 10. 14. Zu dieser zweiten Szene bietet J bei Jakob-Israel keine Parallele, wohl aber bei Abraham. Bei seiner Einwanderung aus Mesopotamien betritt Abraham als erstes Heiligtum des Landes das von Sichem (12 6f.). Von dort zieht er direkt nach Bethel bzw. auf den Berg östlich von diesem und initiiert dort einen Kult (12 8). Von dort zieht er zwar nicht nach Mesopotamien, wohl aber nach Ägypten, also in ein weit entferntes, fremdes Land. Vor dieser Wanderung ist er in Not, bei der Rückkehr ist er reich. Das zur Stammuttersage gehörende Motiv großen Reichtums (12 16) veranlaßt zur Einfügung der Erzählung 13 5 ff. Nach der Trennung von Lot folgt dann die große Bethelverheißung 13 14-17, analog 28 13-15.

Mögen nun auch einzelne Notizen dieser J-Erzählung wertvolle Informationen vermitteln[47], so wird man doch nicht im Zweifel sein können, daß die elohistische Überlieferung von Jakob-Israel die ursprünglichere und wertvollere ist. Sie enthält viel mehr an genauen Mitteilungen über die Heiligtümer von Sichem und Bethel, und einige Einzelheiten zeigen[48], daß die jahwistische Erzählung von Abraham die elohistischen von Jakob-Israel benutzt haben muß. Der kompo-

---

[47] Vgl. 12 6 den Namen des hl. Baumes von Sichem und 12 8 (13 3) die genaue Lokalisierung des Heiligtums bei Bethel.

[48] Das geht vor allem aus einem Vergleich von 28 13-15 und 13 14-17 hervor. 28 13b beschränkt die Landverheißung offenbar auf den Bereich von Bethel selbst, und erst 14 dehnt sie für den Bereich von ganz Israel aus. 13 14f. spricht dagegen von vornherein vom ganzen Land, und 17 befiehlt die vorwegnehmende Inbesitznahme dieses Landes durch den *ambitus* Abrahams, vgl. PROCKSCH a. a. O. z. St.; D. DAUBE, BZAW 77 (1958) S. 35; anders v. RAD, Genesis ATD a. a. O. S. 145.

sitorische Aufbau dieses Stücks ist jedenfalls einfach die Umkehrung der elohistischen Überlieferung von Bethel. Steht hier die Bethel-Theophanie voran, auf die nach der Rückkehr Jakobs die Ereignisse in Sichem und Bethel folgen, so hat J die Gründungen der Heiligtümer bei der Einwanderung Abrahams aus Mesopotamien (sic!) vorangestellt und die Betheltheophanie nach der Rückkehr aus Ägypten folgen lassen. Im ganzen erweist sich so die jahwistische Erzählung von 12 1—13 17 als eine von J sorgfältig geplante, eigene Komposition[49], die die bei Jakob-Israel so sehr gewichtige Sichem-Bethel-Überlieferung (35 *1-14) diesem Erzvater nimmt und sie dem auch sonst stark bevorzugten Vater Abraham[50] zuteilt[51].

Gleichwohl hat der Jahwist die ihm wichtigen Motive der Sichem-Bethel-Erzählung an anderen Stellen wiedergegeben, ohne Bethel und seinen Kult ein zweites Mal zu erwähnen. Das Gelübde Jakobs 28 *20 ff. hat er in eine Verheißung Jahwes (28 15) verwandelt[52]. 28 *20 ff. wird

---

[49] Das zeigen noch weitere Einzelheiten: a) Analog zu Jakob ist vor dem Auszug aus Mesopotamien vom Erwerb der Frauen für Abraham und Nahor die Rede (11 29). — b) Auch bei E folgt die Stammuttersage anscheinend auf die Auszugstradition, vgl. 20 13. J hat mit ihr aber die Tradition vom Zug eines Erzvaters nach Ägypten verbunden, die ursprünglich wohl zum Vater Isaak gehört haben wird, vgl. 26 2 46 1 b. 4 a s. dazu unten. Dadurch gewann er in Parallele zu Jakob-Israel für Abraham den Zug in ein fernes Land. — Die gleiche Auffassung bei W. ZIMMERLI, Geschichte und Tradition von Beerseba im Alten Testament (1932), nach L. ROST, SVT VII (1959) S. 355.

[50] Man vgl. nur das Sondergut des J: die Lotsage 13 *1-13 (14 ?) 18 17—19 38 und die dazugehörige Mamre-Sage 18 1-16 sowie die Werbung um Rebekka 24 1 ff. Durch dies Sondergut bekam die Abraham-Überlieferung überhaupt erst ihren Schwerpunkt in Hebron-Mamre, vgl. NOTH, Üb. des Pent. S. 123 ff. Zur Zusammengehörigkeit von 18 1-16 und Kp. 19 vgl. W. BAUMGARTNER, Zum Alten Testament und seiner Umwelt (1959) S. 368: Beide Erzählungen behandeln das Motiv der Theoxenie. Abraham bewährt sich und wird daher zum Segensträger, Lot aber wird daran zuschanden. Das bildet offenbar den Abschluß zu Kp. 13.

[51] Mit den Argumenten v. RADS a. a. O. S. 145 muß man m. E. 13 14-17 zum Jahwisten rechnen und nicht zu einem späteren Bearbeiter. — Die Frage, ob die Abraham-Tradition tatsächlich früh an Sichem und Bethel haftete oder nicht, ist für die gegenwärtige Beweisführung unerheblich. Die vorliegende literarische Gestalt ist jedenfalls von der entsprechenden Jakob-Israel-Erzählung abhängig. — Leider hat A. JEPSEN, Zur Überlieferungsgeschichte der Vätergestalten, Wiss. Zeitschr. d. Karl-Marx-Univ., Ges. u. Sprachwiss. Reihe 3 (1954) S. 144 auf diesen Vergleich verzichtet und dadurch den Wert der westjordanischen Jakobtradition nicht wirklich in den Blick bekommen.

[52] Vgl. auch GUNKEL a. a. O. z. St. — Eine ähnliche Arbeitsweise des Jahwisten, menschliche Rede in Jahweworte zu verwandeln, läßt sich auch in den Mosesagen beobachten, vgl. Ex 3 6 b / E 3 5 J; 3 10 E (Mose führt) / 3 8 J (Jahwe führt); 4 16 b E (Mose Gott für Aaron) / 4 15 J (Jahwe mit Mose und Aaron); 18 13 ff. E (Maßnahme Jethros) / Num 11 *10 ff. (Maßnahme Jahwes); 20 19 E (Volk) / 24 2 (19 22-24 a) J

bei E in 35 3 wieder aufgenommen. Dies Motiv des Dankes vereinigt J mit der Farbigkeit von 28 20. 21 a und dem Befehl 31 3 zu dem Bittgebet 32 10-13, das sicher eine eigene Komposition des Jahwisten darstellt[53]. Aber auch die Beracha[54] die nach der alten Sage speziell am Heiligtum von Bethel und seiner Umgebung haftete[55] und dort unlöslich mit dem Namen Israel verknüpft wurde (35 10), erbittet und erkämpft sich Jakob zusammen mit dem Segensnamen Israel am Jabbok als allgemeine Beracha (32 27 b. 29. 30 b).

Die Landverheißung in Bethel liefert nun aber ein letztes, für die alte Bethelerzählung ganz entscheidendes Motiv. Denn während sonst die Landverheißung über die Genesis verstreut als sekundäres Gut auftaucht[56], ist sie hier ganz auf den Bereich Bethels und seiner Umgebung beschränkt, wenn es heißt: »Das Land, auf dem du liegst — dir und deinem Samen will ich es geben.« (28 13 b J) und in 35 1 a E: »Auf, zieh nach Bethel und laß dich dort nieder (bleib dort)!« Erst die in 28 14 nachgestellte Nachkommenverheißung dehnt die Landverheißung 28 13 b auf das Gebiet von Ganz-Israel aus, bestätigt aber gerade dadurch[57] den ursprünglich engen Rahmen von 28 13 b[58]. Dies sicher sehr alte und wichtige Überlieferungselement[59] erlaubt es, die Interpretation der Bethelerzählung zum Abschluß zu bringen.

a) Soweit unsere Erkenntnis reicht, galt die Landverheißung ursprünglich *nur* dem Heiligtum von Bethel und seinem Gebiet und hatte sonst nirgends einen ähnlichen Haftpunkt.

(Befehl Jahwes); 20 21 b E / 19 20 b J; 24 13 E / 24 12 J; 32 17 f. E / 32 7 f. J. S. dazu SEEBASS, Mose und Aaron, Sinai und Gottesberg (1962) z. St.

[53] Vgl. v. RAD a. a. O. S. 277f.

[54] A. BENTZEN, VT 1 (1951) S. 58f. weist darauf hin, daß Hos 12 5 mit Gen 32 27f. übereinstimmt. Hos 12 5 ergänzt nur insofern, als es die Segensbitte in der Form eines speziellen Ritus (Weinen) darstellt. So auch DE BOER, Ned. Theol. Tijdschr. 1 (1948) S. 161 ff.

[55] 28 13 b J und 35 1 a E. Wie 32 13 zeigt, gehört 28 14 zu J und nicht zu einem Glossater.

[56] Vgl. A. ALT, Der Gott der Väter (1929), in Kl. Schr. I S. 65ff. mit Hinweis auf K. GALLING, Die Erwählungstraditionen Israels S. 37ff.

[57] Vgl. 28 14 a: »... und du wirst dich ausbreiten nach Westen und Osten und Norden und Süden.«

[58] J. HOFTIJZER, Die Verheißungen an die drei Erzväter (1956) S. 16 hat nicht zwischen 13 und 14f. differenziert und scheidet daher 13 mit 14f. als Parallele des traditionsgeschichtlich letztlich sekundären Gelübdes *20 ff. aus. Dabei enthalten 28 13 b J und 35 1 a E den entscheidenden Gegenbeweis gegen die These seines Buches.

[59] Selbstverständlich ist das Element der Verheißung in die Lokaltradition von Bethel letztlich eingefügt. Aber die Frage ist, ob es in *Israel* je eine andere Tradition von Bethel gegeben hat als die um die Verheißung erweiterte. Diese Frage muß m. E. entschieden verneint werden.

b) Wie aus der Umbenennung 35 10 hervorging, haftete in Bethel ursprünglich nur die Tradition Jakobs und nicht die Israels.

c) Innerhalb der Gemeinschaft, für die die Sichem-Bethel-erzählung niedergelegt worden ist, waren das Heiligtum von Sichem und sein Kult[60], der Gott Israels von Sichem und Israel als Name des Stammvaters seit Uranfang heilig, so daß sie geeignet waren, das Heiligtum von Bethel, seinen Kult und Jakob als Stammvater zu legitimieren.

d) Die Legitimation Bethels machte es erforderlich, daß Jakob den sichemitischen Kult übernahm. Da Jakob ferner durch 35 10 den Namen Israel erhielt, konnte und mußte der Name Israel in der Sichemtradition selbst bis auf seine Erwähnung im Gottesnamen El Gott Israels[61] von Jakob verdrängt werden. Vor der Vereinigung der

---

[60] Vgl. auch NOTH a. a. O. S. 87 f.; allerdings bezieht NOTH dieses Urteil auf die Jakob-erzählung. Aber der erste Haftpunkt von Jakob im Kulturland muß Bethel sein, wie die Umbenennung gezeigt hat. S. auch § 6.

[61] Vgl. C. STEUERNAGEL, Jahwe und die Vätergötter, Festschr. G. BEER (1935) S. 63: ». . . daß die Gottheit aber nicht der Gott *Jakobs* genannt wird, sondern der Gott *Israels*, lehrt, daß hier eine Israelsage auf Jakob übertragen ist . . .«. Vgl. auch R. SMEND, Die Bundesformel, Theolog. Studien 68 (1963) S. 36 A. 39 und S. 35 A. 37. Angesichts der dort wiedergegebenen (und zurückgewiesenen) Zweifel an der Ur-sprünglichkeit der Formel »El Gott Israels« kann man fragen, ob die Bethel-erzählung des E nicht eine Programmschrift zugunsten der Einsetzung Bethels zum Haupttheiligtum des Staates Israel durch Jerobeam I. darstellt, vgl. die Datierung bei ALT, Die Wallfahrt von Sichem nach Bethel« a. a. O. S. 87. Allerdings ist mir die Annahme einer ständig wiederholten Wallfahrt auf Grund der oben vorgelegten Interpretation nicht wahrscheinlich, so daß die Voraussetzungen für ALTS Da-tierung hinfällig werden. — Gegen die Ansetzung z. Z. Jerobeams I. spricht einmal die Tradition des Jahwisten. Man kann schwerlich abstreiten, daß er die Bethel-erzählung ungefähr in der Form gekannt hat, wie der Elohist sie tradiert. Darf man aber annehmen, daß eine J und E gemeinsame Tradition erst z. Z. Jerobeams geschaffen worden ist? Vor allem aber sprechen m. E. historische Gründe dagegen. Es war doch das Traditionsbewußtsein Nordisraels gewesen, das die Verhandlungen mit Rehabeam (I Reg 12 1-16) hatte scheitern lassen. Mit dem Kultruf von Bethel I Reg 12 28 b knüpfte Jerobeam direkt an die Mosetradition an, und in Dan gab es eine Priesterschaft, die sich von Mose ableitete (Jdc 18 30 *text. em.*), vgl. J. HARREL-SON in einer ungedr. Arbeit, zitiert bei B. W. ANDERSON, BA 20 (1957) S. 17f. In diesem Rahmen ist es m. E. viel wahrscheinlicher, daß Jerobeam an die alte Tra-dition anknüpfen konnte, die zu berichten wußte, daß Bethel in der Väterzeit aus-drücklich und als einziges Heiligtum neben Sichem zum Heiligtum *Israels* erklärt worden war, als daß man diese Tradition erst zu seiner Rechtfertigung schuf. Denn die stärkste Waffe gegen das Heiligtum von Jerusalem mußte die alte Tradition sein. — Schließlich erklärt das hohe Alter der Tradition die auffällige Tatsache, daß der Name Israel so viel fester an den Nordstämmen und d. h. vor allem am samarischen Gebirge haftete. (Vgl. dazu auch die Beobachtungen von NIELSEN a. a. O. S. 131. 154 zu Jdc 9 22. 55). Denn die Sichem-Bethel-Erzählung zeigt, daß

Traditionen von Sichem und Bethel muß also der eigentliche Stammvater der Sichemtradition Israel gewesen sein.

e) Die Übertragung des Israel-Namens nach Bethel hat umgekehrt den Sinn, daß der Name vorher an Bethel nicht haftete. Demnach muß er vorher ebenso auf das Gebiet von Sichem beschränkt gewesen sein wie der Name Jakobs auf Bethel. Daraus folgt, daß auch Israel ursprünglich nur der Stammvater einer Sippe oder eines kleineren Verbandes gewesen sein kann und nicht die Personifikation des späteren Volkes Israel war.

f) Es liegt auf der Hand, daß das Bekenntnis vom Vater Israel, der aus seiner Heimat in Mesopotamien genommen und nach Kanaan geführt worden war[62], dem Element der Landverheißung 28 13b 35 1a genau entspricht. Nimmt man einmal probeweise an, daß mit jenem alte Israeltradition erhalten blieb, so zeigt sich, daß die Identifikation Jakobs mit Israel eine sachliche Grundlage hatte, da das Credendum des Gottes der beiden Väter je die Landgabe für eine aus der Fremde einwandernde Sippe bildete. Die Vereinigung der beiden Heiligtümer war also durch eine echt religiöse Verwandtschaft der beiden Lokaltraditionen vorbereitet[63].

Das macht die Frage dringlich, ob es in der alten Tradition noch Spuren gibt, die zeigen können, daß jenes Bekenntnis wirklich alte Tradition wiedergibt. Vor allem erfordert es eine Untersuchung der Sichemtradition.

§ 5. Die Sichemtradition 33 18-20 und 35 2-5[64]

Zu 33 18-20: NIELSEN a. a. O. S. 223f. bestreitet die Richtigkeit der Übersetzung »unversehrt, wohlbehalten« für שׁלֵם (18). Vielmehr müsse es wie in 34 21 »in friedlicher Absicht« heißen[65]. Aber in 34 21 verlangt der Kontext und das beigefügte אתנו diese Bedeutung, während das Wort Dtn 25 15 27 6 Jos 8 31 I Reg 6 7 »unversehrt« heißt[66].

---

der Name Israel z. Zt. ihrer Entstehung nur auf das Einzugsgebiet der Heiligtümer Sichem und Bethel beschränkt war und exakt überhaupt nur an den Orten Sichem und Bethel haftete.   [62] S. o. 1. Abschnitt.

[63] S. auch o. S. 28 A. 23 die weitgehende Übereinstimmung in der äußeren Gestalt der Heiligtümer.

[64] Kp. 34 ist offenbar in die zusammengehörige Sichem-Erzählung eingefügt worden, vgl. ALT a. a. O. S. 79 A. 1. Die Endredaktion folgt damit wohl dem Aufriß des Jahwisten, der Kp. *34 nach der Ankunft Jakobs in Sichem berichten konnte, weil sie die Sichemtradition 35 1 ff. unterdrückte.

[65] So auch u. a. v. RAD, ATD 4 z. St.; B. W. ANDERSON, BA 20 (1957) S. 11. Abwegig m. E. H. S. NYBERG, ARW 35 (1938) S. 357, der mit LXX, Syr., Vulg. übersetzen will: ». . . nach Salem, der Stadt Sichems.«

[66] Allerdings bezieht sich diese Bedeutung stets auf unbehauene Steine. Aber die Belege zeigen, daß die Bedeutung »unversehrt« nicht ausgeschlossen werden kann.

Vor allem aber übersieht NIELSEN die Beziehung zu 28 20 b. 21 a[67]. »Wenn Gott mit mir sein wird und mich auf diesem Weg behütet, den zu gehen ich im Begriff bin . . . und ich in שלום zum Haus meines Vaters zurückkehre . . .«. Tatsächlich kommt Jakob in Sichem ans Ziel seiner langen und gefahrvollen Wanderung, da er sich auch mit Esau versöhnt hat, dessen nicht unberechtigter Zorn seine Flucht ja erst veranlaßt hatte[68].

Das ist auch gegen EISSFELDTS[69] Annahme einzuwenden, nach der 33 18 aα sich auf 32 31 beziehen soll: Jakob sei beim Ringen am Jabbok unversehrt geblieben, und so habe Jakob dem Gott, der ihm dort erschienen sei[70], ein Heiligtum in Sichem gegründet. Aber unversehrt blieb Jakob ja gerade nicht (32 26. 32), so daß 33 18 jedenfalls nicht speziell zu 32 31 paßt. Ferner könnte 32 31 höchstens zu einer Heiligtumsgründung in Pniel führen[71], da die Gotteserscheinung in *Pniel* heilvoll war[72].

So auch E. KÖNIG, Die Genesis (1919) z. St. mit Verweis auf Targ. Onk. und Raschi; GES.-KAUTZSCH-BERGSTRÄSSER, Hebräische Grammatik § 118n; ALBRIGHT, BASOR 163 (1961) S. 40. In diesem Zusammenhang verweist ALBRIGHT auf den dunklen Passus EA 227, 11: *ū ellātija jāṣat šāli-(mat)*, den er übersetzt: »Und meine (Esels-) Karawane ist heil herausgegangen.« Die bisher übliche Bedeutung »Jubel« für das in den Amarnatexten nur einmal auftretende *i/ellatum* hat anscheinend nicht viele Parallelen, da »The Assyrian Dictionary« Bd. 7 (1960) neben EA 227, 11 nur einen weiteren Beleg angibt. (Zu Illatum II.) Andererseits ist, wie ALBRIGHT selbst sieht, die Bedeutung »Eselskarawane« nur im Altassyrischen belegt. Der Kontext trägt zum Verständnis nicht viel bei. Soweit er sich aber deuten läßt, scheint er die traditionelle Übersetzung zu empfehlen.

[67] So mit FR. DELITZSCH, Die Genesis, 5. Aufl. (1887) z. St.

[68] Letzten Endes wird man sagen müssen, daß dem hebräischen Erzähler die doppelte Beziehungsmöglichkeit von שלם nur höchst willkommen war. Da Kp. 34 aber traditionsgeschichtlich nichts mit der Heiligtumssage 33 *18-20 zu tun hat, scheint mir zumindest die Beziehung zu 28 20f. gewichtiger zu sein.

[69] Non dimittam te, nisi benedixeris mihi, Melanges Bibliques Andrê Robert (1956) S. 80f.; mit neuer Begründung auch OLZ 58 (1963) Sp. 325ff.

[70] Der Name dieses Gottes soll nach EISSFELDT »El« sein. Aber 32 23 ff. erwähnt überhaupt keinen Gottesnamen; denn das Element El in den Namen Israel und Pnuel beweist in diesem Zusammenhang nichts. — JEPSEN, Zur Überlieferungsgeschichte der Vätergestalten a. a. O. S. 147 vermutet, daß der mit Jakob ringende »Mann« der »Starke Jakobs« sei. Aber das paßt höchstens für die Erzählung des Elohisten, nach der Jakob unterliegt, und nach E ist es Elohim selbst, der mit Jakob ringt. Aber nach J, der in diesem Fall die ältere Überlieferung bewahrt, kämpft Jakob überhaupt nicht mit Gott selbst, sondern mit einem Wesen, das eben in den Bereich אלהים ואִשׁים gehört, s. o. § 3.

[71] Man kann sich fragen, ob die Umgestaltung der Jabboksage in eine Heiligtumserzählung durch E ganz unabhängig von der Bedeutung ist, die Pnuel einmal für das Nordreich besessen haben muß, vgl. I Reg 12 25 und dazu NOTH, Gesch. Israels, 3. Aufl. (1956) S. 211.

[72] In dem Aufsatz »Stammessage und Novelle in der Geschichte von Jakob und seinen Söhnen« (1923), abgedr. in Kl. Schr. I (1962) S. 92 macht EISSFELDT geltend, daß Jakob kaum dem Gott *Israels* einen Altar bauen konnte, wenn der Name Israel nicht vorher genannt war. Also knüpfe 33 20 an 32 28f. an. — Aber es läßt sich m. E.

Literarkritisch betrachtet, befindet man sich mit 33 18-20 in einer schwierigen Lage. Denn die einzig sicheren Merkmale einer Quellenzugehörigkeit finden sich, abgesehen von der Rückbeziehung 33 18 aα zu 28 *20 f., in 18 aβ. γ; denn der Name Paddan Aram spricht eindeutig für P, und der Gegensatz: Kanaan—Paddan Aram ist offenbar beabsichtigt und soll sagen: Jakob ist mit der Ankunft in Sichem aus dem fremden in das verheißene Land eingetreten[73]. 19 könnte man wegen der genauen Angabe der Geldmenge und der Ähnlichkeit des Vorgangs mit Gen 23 zu P rechnen[74]; aber Beides sind keine überzeugenden Kriterien. Ebensowenig kann man sagen, daß 19 der Darstellung 48 22, die wahrscheinlich zu E gehört[75], widerspricht. Denn nach der Untersuchung von I. Mendelsohn[76] wird Joseph in 48 22 als der Erstgeborene angesprochen[77], als welcher er einen doppelten Anteil vom Erbe des Vaters im Verhältnis zu dem seiner Brüder erhält[78], so daß man ganz in Übereinstimmung mit der massoretischen Punktation übersetzen muß:»Ich gebe dir Sichem[79] als einen über deine Brüder (hinaus-

---

nicht bestreiten, daß 32 28. 29 a einen jungen Zusatz zur Jabbok-Erzählung darstellen und daß sie gegenüber 35 10 sekundär sind. M. E. ist nur eine traditionsgeschichtliche Erklärung dieses Problems möglich. Wegen der Identifikation Jakobs mit Israel in 35 10 sind alle Erwähnungen Israels vorher getilgt worden, um das entscheidende Ereignis nicht vorwegzunehmen. Nur die Existenz des Gottes Israels und Jakobs Kenntnis von ihm wurde noch vorausgesetzt. Da J aber die Erzählung 35 *1-14 nicht wiedergeben wollte, konnte er die Schwierigkeit auflösen, und das um so mehr, als die Erzählung vom Jabbokkampf einen guten Anknüpfungspunkt bot, s. o. § 3.

[73] Vgl. dazu E. Nielsen, Shechem S. 169. 192. 230. Nielsen erwägt, ob nicht in 12 5 aβ. b 33 18 aβ. γ alte Überlieferung insofern erhalten ist, als sie die Erinnerung bewahren, daß die erste Berührung mit Kanaan im Bereich von Sichem stattfand. S. dazu unten.

[74] So F. Delitzsch, Die Genesis z. St. Aber die Notiz würde in der Erzählung des P völlig isoliert sein; denn 20 gehört sicher nicht zu ihm, und sonst weiß er nichts über Jakob in Sichem zu erzählen.

[75] Vgl. 48 21 den Gottesnamen Elohim. Von 21 darf man 22 nicht trennen, da 21 die Tradition von 22 mit der Abwanderung Jakob-Israels nach Ägypten verbindet.

[76] On the preferential Status of the oldest Son, BASOR 156 (1959) S. 38 ff.

[77] Der Vater kann willkürlich festsetzen, wen er als Erstgeborenen ansieht. Belege dazu in Nuzu, Ugarit, Alalach und Israel (Dtn 21 15-17 verbietet es), vgl. Mendelsohn a. a. O. S. 38 f.

[78] Doppelten Anteil erhält der Erstgeborene nach Überlieferungen aus Assyrien, Nuzu, Mari und Israel, vielleicht auch in Ugarit und Alalach, s. Mendelsohn a. a. O. Mendelsohn vermutet, daß diese Bevorzugung des Erstgeborenen zum nomadischen und bäuerlichen Dasein einer Gruppe gehört, während diese Vorstellung bei Übergang zur städtischen Kultur aufgehoben wird, a. a. O. S. 38 f. — Zu Dtn 21 17 vgl. jedoch Noth, Die Ursprünge Israels im Lichte neuer Quellen S. 197. Danach wurde dem Erstgeborenen sogar zwei Drittel des Erbes zuteil.

[79] Sowohl Gesenius-Buhl, Handwörterbuch, 17. Aufl. (1921) als auch Köhler-Baumgartner, Lexicon (1953) sind gezwungen, für Gen 48 22 eine Sonderbedeutung anzunehmen. Die Bedeutung »Nacken, zwei Schulterblätter« könnte an unserer Stelle höchstens als Flurname gebraucht sein und paßt sonst nicht. Aber die Sichem direkt umgebende Flur wird man auch beim Gebrauch des Stadtnamens nicht von

gehenden Anteil)[80], das ich mit meinem Schwert und mit meinem Bogen aus der Hand des Amoriters nahm«. 48 22 bezieht sich also auf Sichem selbst, 33 19 aber auf ein Stück Land bei Sichem, so daß keine Konkurrenz zwischen den beiden Darstellungen besteht[81]. Was nun 33 20 anbetrifft, so paßt er sowohl als Fortsetzung zu 32 28 f. J wie als Einleitung zu 35 1-4 E[82]. Rechnet man aber 19 f. nicht zu P, so kann man davon kaum 18 aα trennen[83]. Man wird also annehmen müssen, daß 18 aα. b. 19 f. im wesentlichen J und E *communis* ist[84].

In 35 1-5 ist nur das Verhältnis von 5 zu 1-4 einerseits und zu Kp. 34 andererseits problematisch. Es kann erst in der Auslegung selbst geklärt werden.

Zu 33 19 ist m. R. darauf hingewiesen worden[85], daß der Ankauf des Feldes sehr an Gen 23 erinnert und daß tatsächlich das Grab Josephs bei Sichem gezeigt worden ist[86]. In Analogie zu Gen 23 möchte man allerdings glauben, daß die Stätte des Familiengrabes bereits für den ankaufenden Vater bestimmt war. Nun ist längst erkannt worden[87], daß hinter der gegenwärtigen Form der Erzählung 48 21 f. eine ältere Überlieferung sichtbar wird, nach der Jakob-Israel bei Sichem starb und also wohl auch dort begraben wurde. Gleichwohl kennt die Überlieferung Israels nur eine Grabtradition *Josephs* bei Sichem. Diese ist wohl wegen des Motivs 48 21 (bevorzugte Stellung Josephs in der Amphiktyonie durch den Besitz Sichems) auf Israel übertragen worden (33 19).

Da 35 1 zur Bethelsage gehört und in ihrem Zusammenhang bereits besprochen worden ist, bleiben noch die Nachrichten über den sichemitischen Kult. Das Ritual des Ablegens fremder Götter hat E.

der Zueignung ausschließen dürfen, so daß der Gebrauch des Stadtnamens hier wohl das Wahrscheinlichste ist. — Die hohe Einschätzung, die Sichem hier zuteil wird (der Zweitanteil über die Anteile der Brüder), findet sich sonst nur noch in recht früher Zeit, allerdings dort auf die »Bergschultern« bei Sichem bezogen: Jdc 9 37.

[80] Wörtlich: ». . . als ein Eines über deine Brüder hinaus«. Zum grammatischen Problem vgl. GESENIUS-KAUTZSCH, Hebr. Grammatik a. a. O. § 130g. Demnach soll es sich hier nicht um einen *st. cstr.* von אחד sondern nur um eine rhythmische Verkürzung der Vokale handeln. M. E. ist es richtiger, diese Stelle unter 130a (Weiterer Gebrauch des *status constructus*) vor Präpositionen) zu subsumieren. Eine solche Verbindung mit der Präp. על findet sich Jdc 5 10.

[81] Gegen WELLHAUSEN a. a. O. S. 48; NOTH, Üb. des Pent. S. 90.

[82] Zur Konjektur WELLHAUSENS a. a. O. S. 47 A. 1 von מזבח in מצבה s. o. S. 28 und A 1. — Natürlich können sowohl J als auch E den Gottesnamen El verwandt haben, vgl. 16 13 14 19 (?) J einerseits, 31 13 35 7 E andererseits.

[83] So m. R. WELLHAUSEN a. a. O. S. 357; Ähnlich DELITZSCH, DILLMANN, GUNKEL, PROCKSCH, v. RAD z. St.

[84] J und E dürften hier so ähnlich erzählt haben, daß R nur eine Version aufzunehmen brauchte. — Zur Textkritik bei den Worten אל אלהי ישראל vgl. E. NIELSEN a. a. O. S. 224.

[85] Vgl. vor allem DELITZSCH z. St.; so auch DILLMANN, KÖNIG, GUNKEL, PROCKSCH.

[86] Zum literarischen Problem von Jos 24 32 vgl. NOTH, Üb. des Pent. S. 90f. und »Das Buch Josua«, 2. Aufl. (1953) z. St.

[87] Vgl. NOTH. Üb. des Pent. S. 91f. mit Verweis auf E. MEYER, Die Israeliten und ihre Nachbarstämme (1905) S. 415; H. GRESSMANN, Eucharisterion Hermann Gunkel I (1923) S. 8.

Nielsen[88] neu zu deuten versucht. Er versteht es in Analogie zum Zerschmettern feindlicher Figuren (auch Götterfiguren) in Mesopotamien und Ägypten[89] als magische Handlung zur Vernichtung fremder Eindringlinge. Ursprünglich seien damit die aus der Wüste kommenden Zuwanderer gemeint, die Sichem bedrängen konnten. Mit der Einführung Jakobs in dieses kanaanäische Ritual sei jedoch eine Umdeutung vonstatten gegangen, die sich noch in 5b erkennen lassen soll. Demnach soll die Handlung sich jetzt gegen die Landesbewohner zugunsten der eingedrungenen Halbnomaden wenden.

Gegen diese Deutung ist m. R. eingewandt worden[90], daß das Entscheidende, nämlich das Zerschmettern der Götterbilder, in Gen 35 und Jos 24 fehle[91]. Mit Gressmann[92] sei die magische Handlung so zu deuten, daß sie dem *Schutz vor* möglichen Feinden diene[93]. Dies Verständnis fügt sich dem Kontext m. E. viel ungezwungener ein als das Nielsens[94].

---

[88] The Burial of the Foreign Gods, Stud. Theol. 8 (1955) S. 103ff.; danach auch Shechem, 2. Aufl. (1959) S. 230ff.

[89] Unter den Parallelen aus Ägypten sind vor allem die Figuren zu nennen, die man im Zusammenhang mit den sogenannten Ächtungstexten fand.

[90] So G. Schmitt, Der Landtag von Sichem S. 49ff.

[91] Erst die LXX trägt diesen Zug zu Gen 35 4 nach.

[92] SAT I, 2, 2. Aufl. (1922) S. 164 mit Verweis auf R. Koldewey, Das wiedererstandene Babylon (1913) S. 13ff. (Belege finden sich S. 59. 203 u. ö.) und O. Weinreich, Antike Heilungswunder (1909) S. 166f. (analoge Erscheinungen im hellenistischen Raum). Gunkel, Genesis z. St., den Schmitt gleichfalls als Zeugen für seine Ansicht zitiert, hat sich der Meinung Gressmanns nicht voll angeschlossen. — In Babylon fand man unter dem Postament von Gottesbildern Ziegelkapseln mit Figuren (z. B. eine kleine Tonfigur von einem Mann mit einem goldenen Stab, Koldewey S. 203). Ähnliche Kapseln lagen unter Türschwellen und in der Nähe von Standbildern und Säulen. Ein Beispiel aus einer dieser Kapseln (Koldewey S. 204 Abb.): Ein Mann mit Bocksbeinen an einem Baum stehend. Weinreich a. a. O.: Zum Vertreiben einer Skorpionenplage wird ein eherner Skorpion vergraben; viel ähnlicher: an der illyrischen Grenze wurden 3 silberne Figuren, die Hände auf dem Rücken gefesselt, vergraben. Ihr Kopf war nach Norden gerichtet. Sie sollten den Einfall der Barbaren an dieser Grenze abwenden. Als man sie einst ausgrub, geschah ein Einbruch der Goten, Hunnen und Thraker. — Nach Weinreich a. a. O. hatte das Aufstellen analoger Standbilder denselben Sinn, vgl. die eherne Schlange Num 21 4ff.; zu den goldenen Mäusen und Beulen, die zusammen mit der Lade aus dem Territorium der Philister fortgeschickt wurden I Sam 6 4f. 8 ff., vgl. das Wegschicken des Ziegelgottes, in B. Meissner, Babylonien und Assyrien II (1925) S. 235f.

[93] Zum Vergraben von Götter-, Dämonen- und Tierfiguren sowie Amuletten (Ohrringe!) vgl. Meissner a. a. O. S. 209f. 314.

[94] Auch das Motiv 5bα paßt gut in diesen Rahmen, vgl. das Beispiel der silbernen Standbilder an der illyr. Grenze. Anders neuerdings J. A. Soggin, Zwei umstrittene Stellen aus dem Überlieferungskreis um Sichem, ZAW 73 (1961) S. 78ff. der das

Es läßt sich unschwer vorstellen, daß eine einwandernde Vatersippe dieses Ritual ohne große Bedenken übernahm. Im neuen Lande bedurfte man des Schutzes eines Gottes, der in diesem mächtig war, und zugleich des Schutzes gegen schädliche Wirkungen der Götter, deren Machtbereich man verlassen hatte bzw. die dem neuen Territorium fremd waren. Man wird daher annehmen dürfen, daß in diesem Ritual sich älteste Überlieferung »Israels« durchgehalten hat[95].

Bleibt noch v. 3. Unverkennbar entspricht er Jakobs Gelübde 28 *20 ff.: »Auf, laßt uns nach Bethel ziehen, so will ich dort dem El einen Altar bauen, der mir Antwort gab am Tage meiner Not, so daß[96] er mit mir war auf dem Weg, den ich gegangen bin.« Aber gerade wegen der stark hervortretenden Verknüpfung mit Bethel fällt auf, daß diese Worte in *Sichem* und nicht in Bethel gesprochen werden. — Dazu kommt ein anderer Umstand. Das Gelübde 28 10 ff. hat offenbar den Sinn, die beiden Bethelerzählungen, die nur zur Einführung der Legitimation Jakobs voneinander getrennt worden waren, miteinander zu verbinden. Es muß daher letztlich sekundäre Verknüpfung der Bethel- mit der Sichem-Sage sein. Sein traditionsgeschichtlicher Ursprung aber liegt in 35 3 b[97], das selbst zur Sichemtradition gehört[98].

Motiv zur Ladeterminologie rechnet und zum Beweis auf Num 10 35 I Sam 4—6 II Sam 6 verweist. — Aber die Lade wird in Gen 35 nicht erwähnt, und die Ableitung jenes Motivs aus der Ladeterminologie erscheint ganz überflüssig. — 5 bβ. γ sind redaktionelle Verknüpfungen mit Kp. 34, da 5 a. bα zum Elohisten gehört, der nicht unbedingt in Kp. 34 vertreten sein muß, vgl. Noth. Üb. des Pent. S. 31 A. 99.

[95] So mit Nielsen a. a. O. S. 235 ff. — Nielsen meint im Anschluß an Nyberg, ARW 35, S. 366 f., daß Jakob mit 33 19 f. sein nomadisches Leben aufgegeben und sich einem Hochgott des Landes unterstellt habe. Aber man muß mit der Annahme eines religiösen Bruchs zwischen den beiden Perioden vorsichtig sein, da der Name Israel ja die Bekanntschaft der zugehörigen Gemeinschaft mit dem Gott El voraussetzt. Der Name eines Hochgottes im Land und ein der einwandernden Sippe bekannter Gottesname trafen hier vielmehr zusammen.

[96] Das Impf. cons. des Verbs fordert, daß man die folgenden Worte als Konsequenz des Vordersatzes versteht.

[97] Das Wörtchen שם gehört dann mit 3 a zur Überformung im Sinne der Vereinigung der Bethel- mit der Sichemtradition.

[98] Die Beziehung zum El-Bethel wird dadurch hergestellt, daß a) die erste Theophanie z. Zt. der Flucht vor Esau angesetzt ist, die Jakob zu dem weiten Weg nach Mesopotamien und zurück führt, und b) der Befehl zum Verlassen Mesopotamiens z. Zt. der Bedrängnis Jakobs durch Laban ergeht (31 4–9. 11. 13–16). Es ist wohl kein Zufall, daß der Elohist gerade an dieser Stelle den El von Bethel erwähnt. Zum Text vgl. S. 33 A 111. H. Cazelles, Bibel und Leben 2 (1961) S. 44 meint, der Name El-Bethel enthalte keine Ortsbezeichnung. Daher könne der Artikel vor El stehen, so daß man lesen solle: Der »El Bethel«. Aber dem widerspricht die Fortsetzung in 31 13 a, wo Bethel offenbar als Ortsname verstanden ist. S. auch o. S. 16 A. 25.

Dasselbe zeigt ein Tatbestand, der dadurch leicht übersehen wird, daß das lange Kp. 34 zwischen 33 20 und 35 2-4 geschoben ist. In 35 3 b heißt es: »Ich will dem El einen Altar bauen, der mir Antwort gab am Tage meiner Not ...«, der in Sichem angerufene Gott aber heißt: »El der Gott Israels«. Dieser El ist eben der Gott Israels, weil er *Israel* Antwort gab. Nach der Darstellung des Elohisten wird das zwar erst in 35 10 ausgesprochen, wo der Name Israel eingeführt wird. Das zeigt aber deutlich, daß die *confessio* des Vaters (3 b) tatsächlich *Israel*- und damit Sichem-Tradition ist.

In 3 b wird nun ein Altarbau, der sich also auf Sichem beziehen muß, erst angekündigt, obwohl er nach 33 20 bereits vollendet war. Ein Blick auf die verwandte Erzählung Jos 24 lehrt, daß dort der hl. Stein erst errichtet wurde, als das Fremdgötterritual vollzogen war. Nimmt man probeweise einmal an, daß 33 20 hinter 35 4 gestanden hat, so wird sofort erkennbar, daß nur diese die einzig sachgemäße Abfolge der Ereignisse gewesen sein kann, wenn man nicht mit der Bethelerzählung fortfährt, sondern die Sichemtradition aus sich heraus interpretieren will[99]. Bei dieser Stellung von 33 20 wäre aber unübersehbar, daß nur Israel der Gründer des Heiligtums sein kann. Sobald daher Jakob in die Tradition eingeführt wurde, mußte diese Nachricht vorangestellt und 35 3 b mit Bethel verbunden werden.

Da in 35 3 b nicht von vornherein an eine Beziehung zur Bethelsage gedacht war, entfällt die Situation von 28 *20 ff. als Einsatzpunkt des göttlichen Handelns, den die kleine *confessio* so stark hervorhebt. So bleibt nach der Überlieferung als einzige vergleichbare Situation der Zeitpunkt der Flucht vor Laban aus Mesopotamien (31 1-21), bei dem ein besonderes Eingreifen Gottes neben dem in der Bethelerzählung Berichteten wiedergegeben wird (31 3 J; 13 E). Die Tradition weist also für den Bezugspunkt von 35 3 b von selbst auf den Auszug aus Mesopotamien, sobald man die Beziehungen der Bethelsage zur Sichemsage abhebt.

Auf Grund der zutage getretenen Beziehung zwischen 33 20 und 35 3 b[100] ist jetzt ein erster Vergleich mit dem Vaterbekenntnis möglich. 1. Eine Übereinstimmung mit diesem besteht darin, daß in 35 3 b der göttliche Beistand auf dem Weg bis in das Gebiet von Sichem prädiziert wird. Der Vater steht am Ende eines Weges, den er als ganzen überschaut. — 2. Ein weiterer Schwerpunkt der Aussage liegt beim Einsatz des göttlichen Handelns: »Der mir Antwort gab am Tage

---

[99] So wie 2-4 jetzt zur Vorbereitung auf den Kult von Bethel dient, würde es durch die Umstellung von 33 20 sachgemäß den Kult von Sichem vorbereiten, vgl. Jos 24. Vgl. die analogen Erwägungen von ALT a. a. O. S. 81f.

[100] Es sei daran erinnert, daß die Zusammengehörigkeit dieser beiden Elemente nicht durch Schritte der Rekonstruktion aufgedeckt wurde, sondern daß sie aus dem gegenwärtigen Text in der Abfolge 33 20 35 3 b. 7. 10 erhoben werden kann.

meiner Not . . .«. Diese Formulierung erinnert stark an den Eingang
von Dtn 26 5: ‚Ein dem Untergang naher Aramäer war mein Vater‘[101].
Da der Weg den Vater von Mesopotamien nach Sichem geführt hatte,
besteht natürlich auch eine Beziehung zu Jos 24 3: ‚Und ich nahm
euren Vater[102] aus dem Gebiet jenseits des Stromes und ließ ihn in
dem Land Kanaan umhergehen[103].'

Aber an diesem Punkt entsteht eine weitere Schwierigkeit. Denn
eine dem Vaterbekenntnis entsprechende Tradition von einer *erstmaligen* Abwanderung aus Mesopotamien ist im Zuge der Vereinigung der drei Erzväter[104] nur noch bei Abraham erhalten (12 1 f.
20 13), während der in den Jakobsagen erwähnte Abwanderungsbefehl
(31 3 J; 13 E) ganz von dieser Verknüpfung abhängig ist. Genau genommen ist sogar nur 12 1 ein wirkliches Äquivalent zur Bekenntnis-
aussage vom Erzvater. Denn in 20 13 heißt es wörtlich: »Gott hat
mich aus meinem Vaterhaus heraus (in der Steppe) umherirren
lassen[105].« In dieser Aussage ist eine Landnahme nicht im Blick.
Vielmehr beschreibt sie die unseßhafte Daseinsweise des Nomaden
am Rande des Kulturlandes. Ihr entspricht als Sinngebung der
Herausführung[106], daß der Vater außerhalb seines בית אב eine neue
Sippe eröffnen soll, d. h. hierhin gehört die Nachkommenverheißung[107],
die ja in auffälliger Weise das eigentliche Thema der Abraham-Isaak-
Sagen abgibt[108].

---

[101] Der einzige hl. Ort, der im Dtn erwähnt wird, ist die Stätte beim Ebal und Garizim,
soweit es die durch das Dtn gebotenen Kulthandlungen betrifft, Dtn 11 29 (*text.
em.*); 27 4-13; vgl. die zugehörige Überlieferung Jos 8 30 ff. Ist es Zufall, daß alle
diese Texte so speziell mit Sichem zu tun haben?

[102] Der Name Abraham ist ausgelassen. S. dazu oben S. 10.

[103] In der letzten Aussage sind wohl zwei Motive miteinander verbunden: a) Gott
ließ den Vater in das Land gehen. b) Er ließ ihn im *ganzen* Land umhergehen.

[104] Vgl. ALT, Der Gott der Väter a. a. O. S. 52 ff.

[105] Zur Übersetzung vgl. KÖHLER, Lexicon *ad vocem* תעה. Die Bedeutung »verführen,
verleiten« mag mitschwingen; aber »umherirren lassen« ist wörtlicher und paßt
ausgezeichnet zur Beschreibung des nichtseßhaften Lebens vor dem landsässigen
Abimelech. Gegen EISSFELDT, SVT III (1955) S. 100. M. R. betont EISSFELDT
jedoch, daß diese Darstellung einen sehr ursprünglichen und altertümlichen Eindruck macht.

[106] M. R. betont V. MAAG, SVT VII (1959) S. 140 u. Anm., daß die Transmigration
einer Nomadengruppe nicht ohne göttliche Verheißung denkbar sei.

[107] Vgl. auch meine Ausführungen in »Zu Gen 15«, Wort und Dienst 7 (Jahrbuch der
Theologischen Schule Bethel 1963) S. 142 ff.

[108] Den Erwerb von Landbesitz berichtet erst P (Gen 23). In der J-Erzählung scheint
sich ein Kristallisationspunkt in Hebron-Mamre auszubilden (13 18 18 1—19 38).
Aber die entsprechenden Erzählungen gehören zum J-Sondergut und stellen wohl
erst ein späteres Stadium der Abrahamtradition dar, vgl. NOTH a. a. O. S. 123 ff.
Zu den Sichem-Bethel-Sagen s. o. S. 21 ff.

12 1 stimmt mit 20 13 insofern überein, als er keine Landverheißung enthält[109]. Wohl aber ist die Führung aus dem fernen Land bereits durch das Ziel eines neuen Landes bestimmt, während die Nachkommenverheißung erst an zweiter Stelle (12 2) folgt. Gerade die Unbestimmtheit der göttlichen Zusage hinsichtlich des neuen Landes würde vorzüglich zu 35 3 b passen, wo eben der Einsatzpunkt des göttlichen Handelns und die Führung selbst im Vordergrund der *confessio* stehen.

Betrachtet man unter diesem Aspekt die Überlieferung von der Abwanderung Jakob-Israels aus Mesopotamien, so findet man beim Elohisten[110] Züge, die 12 1 recht genau entsprechen, wenn sie auch durch Motive der Vereinigung der drei Väter überarbeitet sind. So heißt es 31 13 b[111]: צא מן הארץ הזאת, vgl. 12 1 a: לך לך מארצך. 31 14 sagen sich Lea und Rahel vom »בית אבינו« los[112], vgl. מבית אביך 12 1, und 16 b bekräftigen sie, daß ihre Flucht aus göttlicher Führung entspringt. Sogar die Umkehrung von 12 1 geschieht in 31 13 bβ mit einem Motiv (מולדת), das in 12 1 auftritt. Diese Übereinstimmungen zeigen, daß der Befehl zur erstmaligen und endgültigen Abwanderung vom Stammvater auf seine Frauen übertragen worden ist, weil er ihm selbst auf Grund seiner Verknüpfung mit Abraham und Isaak nicht mehr gelten konnte.

Einen direkten Beweis dafür, daß es sich bei diesen Motiven um Israel- und nicht um Jakobtradition handelt, kann man naturgemäß nicht mehr antreten. Aber diese Annahme wird dadurch wahrscheinlich, daß sie ihren offenkundigen Bezugspunkt in der Israel-Überlieferung 35 3 b haben. Eben deshalb schildern sie ja auch so breit die Notlage, in der der Stammvater sich befindet, ehe er die Flucht antritt[113]. Ferner gibt es in den ostjordanischen Traditionen des

---

[109] Die erste Landverheißung erfolgt nach J in Sichem (!) vgl. 12 7.

[110] 31 3 J macht gegenüber 31 13 E keinen so ursprünglichen Eindruck. Ferner dürfte J die Szene 4-16 E als überflüssig gestrichen haben, vgl. die Parallele 30 25-43. Dabei entfielen auch die wichtigen Motive 31 14. 16 b E.

[111] 31 13 a ist sichtlich überfüllt. Innerhalb der elohistischen Quelle kann 13 aγ: אשר נדרת לי נדר nicht entbehrt werden, während 13 aβ wie die entsprechende Notiz in 28 22 a sekundär sein muß, da E erst 35 14 das Salben der Massebe berichtet. Es fragt sich aber, ob dieser Zusatz nicht auch die Einfügung des Namens »Bethel« veranlaßt hat, der auf das determinierte Wort El nicht gut folgt; denn für das Verständnis von 13 aβ war der Name wichtig, da der hl. Ort und die Massebe nicht zu trennen sind, während er für 13 aγ nicht erforderlich ist. M. E. ist er daher mit EISSFELDT, Der Gott Bethel a. a. O. S. 213 zu tilgen.

[112] Die 31 15. 16 a beigegebene Begründung der Frauen für ihren Schritt ist gegenüber dem Sich-Lossagen vom Vaterhaus sekundär; denn 16 b reicht zur Begründung völlig aus.

[113] Wie 15. 16 a dürfte auch die Begründung Jakobs für seine Flucht aus dem Hause Labans 6-9 sekundär sein. Als Grund reichte das 2. 5. 11. 13 Angegebene aus. — In

Vaters Jakob Spuren, die darauf deuten, daß sein Ursprungsgebiet in größerer Nähe zum ostjordanischen Kulturland gelegen hat[114].

Damit hat sich ergeben, daß in der alten Israel-Überlieferung tatsächlich Motive enthalten sind, die dem Israel-Bekenntnis entsprechen. Sie finden sich in 31 13 bα. 14. 16 b. 21 a und in 35 *3 b. Nimmt man sie zusammen, so sieht man ohne weiteres, daß sie einfach das in Erzählung aufgelöste Vaterbekenntnis bilden, welches daher letztlich die Kernzelle der Israel-Jakob-Tradition gewesen sein muß.

Das ermöglicht es, die Argumente für die ursprünglich selbständige Existenz des Vaters Israel zusammenzufassen. 1. Die Genesis bezeugt das Vorhandensein eines Vaters Jakob-Israel. — 2. Aus der Umbenennung Jakobs in Israel (35 10) ergab sich, daß der Name Israel wahrscheinlich nicht von Anfang an eine Gruppe bezeichnete, die über das Gebiet von Sichem hinausreichte, sondern zunächst in diesem Gebiet haftete, da er in einem feierlichen Akt nach Bethel übertragen werden mußte. — 3. Die Analogie des Vaters Jakob, der ursprünglich nur zu Bethel und seinem Gebiet gehörte (28 13 b 35 1 a), spricht dafür, daß Israel ursprünglich wie Jakob eine Vatergestalt war. — 4. Der Name »Israel« kann Personenname sein[115] und ist als solcher auch in Ugarit bezeugt[116]. — 5. Die Bezeichnungen »Gott Abrahams, Gott Isaaks, Gott Jakobs« und »Gott Israels« sind einander völlig gleich. — 6. Als eigenständige Überlieferung des Vaters Israel ergab sich mit Wahrscheinlichkeit die Erzählung von einem eigentümlichen Ritual in Sichem (35 2. 4) und von einem Bekenntnis des Vaters zu dem Gott, der ihn nach Sichem gebracht hatte (35 *3 b vgl. 31 13 bα. 14. 16 b. 21 a und Dtn 26 *5 ff. Jos 24 *2. 3 a. bα). — 7. Gegen die Annahme einer Sonderexistenz Israels läßt sich nicht die unterschiedliche Verknüpfung von Abraham und Isaak einerseits und Israel mit Jakob andererseits ins Feld führen, so als hätte Israel mit Jakob nur in der Form der genealogischen Reihung vereinigt werden können. Denn es hat sich gezeigt, daß der sachliche Gehalt der Führung durch ihren je eigenen Gott in der Landgabe übereinstimmte, so daß ihre Identifikation voll verständlich wird[117].

---

der eigentlichen Jakobtradition blieb zudem noch der Rest einer Überlieferung erhalten, nach der die Abwanderung Jakobs von Laban ganz friedlich verlief: 30 25 b. 28. 32-33 a. Neben 31 1 ff. konnte sie jedoch nur erhalten bleiben, wenn sie als Einleitung zum Erwerb von Viehbesitz umgedeutet wurde (30 26 f. 29-31.36-43).

[114] Vgl. Noth a. a. O. S. 108 f.; Näheres s. u. § 7.

[115] Vgl. M. Noth, Die israelitischen Personennamen (1928) S. 207 ff.

[116] Vgl. E. Vogt, Biblica 38 (1957) S. 375.

[117] Durch die Identifikation Jakobs mit Israel wird das Gebiet der Verheißung nicht wesensmäßig erweitert, da die Credenda der beiden Heiligtümer Sichem und Bethel beide auf den Landbesitz hinausliefen. In dem Maße aber, in dem Israel der Name für die Amphiktyonie wurde, mußte auch das Gebiet der Landverheißung aus-

§ 6. Sonstige Israeltraditionen in der Genesis

Angesichts der Identifikation Jakobs mit Israel fragt es sich, ob in der Jakobtradition noch weitere Elemente enthalten sind, die ursprünglich zum Vater Israel gehört haben. Einen ersten Anknüpfungspunkt bildet die Überlieferung von den Frauen Israels, da es sich gezeigt hatte, daß sie in besonderer Weise Träger der Israeltradition geworden ist[118]. Unmittelbar an die Flucht Israels und seiner Frauen aus Mesopotamien schließt sich die Erzählung von ihrer Verfolgung und dem Töchtervertrag an[119]. Primäre Tradition ist anscheinend nur die Erzählung vom Töchtervertrag, wie das abrupte Verlassen des Themas »Verfolgung« in 44 a[120] und die Motive 24. 29

---

gedehnt werden. Wie 28 14 zeigt, geschah das mit Hilfe der Nachkommenverheißung. Erst die Zusammenordnung der beiden Verheißungen ergab ja ihre Beziehung auf das gesamte Gebiet Israels, denn auch die Nachkommenverheißung wird sich kaum von Anfang an auf ganz Israel bezogen haben, vgl. ALT a. a. O. S. 66 und s. u. Teil II, 2. Abschn. § 2. Gleichwohl war die Nachkommenverheißung für die Ausdehnung auf ganz Israel viel eher geeignet als die Landverheißung, und diesen Tatbestand gibt 28 13 b. 14 ganz sachgemäß wieder. In diesem Element wird man also den Ursprung für die allgemeine Landverheißung suchen müssen. In seiner grundlegenden Untersuchung hatte ALT a. a. O. angenommen, daß die Landverheißung bereits zum palästinischen Stadium der Vatergottverehrung gehören müsse. Dies hat der Gang der vorliegenden Untersuchung vollauf bestätigt.

[118] Ausscheiden kann man die Erzählung von der Geburt der Söhne Israels 29 31—30 24 und 35 16 b-20, da sie zur Überlieferung von den zwölf Stämmen Israels gehört, vgl. NOTH a. a. O. S. 109 f. — Vgl. neuestens S. LEHMING, Zur Erzählung von der Geburt der Jakobsöhne, VT 13 (1963) S. 74 ff. M. R. nimmt LEHMING an, daß 29 31—30 24 von vornherein nur bis zur Geburt Josephs führen sollte. Aber die Erzählung bildet selbst nicht einen wirklichen Höhepunkt aus, sondern dient als Folie für den unglaublichen Aufstieg Josephs: Geboren nach allen Söhnen Leas und der Mägde wird er doch zum Ersten in Israel, während der nachgeborene Benjamin sein besonderer Schützling ist.

[119] Dazu gehört: 31 20. 21 aα. 22-25 bα. 26-29. 31. 41 aα. b. 42-44 a. 49 f. 53 b. 54 32 1. Ausgelassen sind alle Beziehungen zum Gileadvertrag 21 b. 25 b. 44 b-48. 51-53 a und zum Theraphim-Diebstahl 19 b. 30. 32-37. Der Streit um Jakobs Herden 38-40. 41 aβ hat wohl hier wie 6-9 den Sinn, Jakobs Flucht moralisch zu rechtfertigen, und ist daher sekundär.

[120] Vgl. dazu NOTH a. a. O. S. 101 A. 269, allerdings in bezug auf den Gileadvertrag, in dem er a. a. O. S. 100—103 den Ursprung der ganzen Jakob-Laban-Sagen sieht. M. E. ist aber schon die Flucht Jakobs und seiner Frauen nicht aus dem Gileadvertrag abzuleiten, sondern aus der Übertragung eines alten Israel-Motivs auf die Frauen, während man ursprünglich von Jakob erzählt hat, daß er in Frieden von Laban schied 30 25 b. 28. 32-35 a. Aber auch der Töchtervertrag läßt sich nicht aus jenem ableiten. Wenn, wie NOTH meint, bei diesem Motiv der Gedanke an Schutz für entführtes Gut durch die Grenze bestimmend gewesen wäre, wäre die Bestimmung, die Töchter betreffend, ganz überflüssig, und umgekehrt spielt für

zeigen, die von vornherein die Verfolgung zugunsten des Vertrages begrenzen. Der Vertrag beinhaltet, daß Jakob über die Töchter Labans hinaus keine weiteren Frauen nehmen darf (31 50), und bindet daher Jakob an das Haus Labans[121]. Das gehört aber ganz zur Jakobtradition, die auch sonst viel von seinen Beziehungen zu seinen Nachbarn zu erzählen weiß[122].

Wie steht es aber mit dem Diebstahl der Theraphim Labans? Sind diese die fremden Götter, die 35 2. 4 meint? Anscheinend hat

---

diese die Grenzziehung gar keine Rolle. Denn sie soll eben überall gelten, unbeschadet aller möglichen Grenzen. Viel eher ist es wahrscheinlich, daß der Grenzvertrag in die Erzählung vom Töchtervertrag eingearbeitet ist, obwohl seine Entstehung zweifellos selbständig zu denken ist. Dazu folgende Beobachtungen: Der Berg, auf dem der Töchtervertrag stattfand, war anscheinend ursprünglich unbenannt 25 bα. 54. Da aber der Grenzvertrag auf dem Berg Gilead stattfand und dieser vom Aramäer Laban besetzt war 25 bβ, mußte der Berg Jakobs die Kuppe von Mizpa sein. Indem der Töchtervertrag (auf Jakobs Berg) mit dem Grenzvertrag (auf Labans Berg) vereint wurde, ergaben sich analoge Handlungen auf den beiden Bergen, und der Töchtervertrag mußte auf dem Mizpa stattfinden 49 J //50 E. Wie für den Berg Gilead wurde auch für Mizpa eine Ätiologie notwendig, die in der Errichtung der Massebe dem Aufhäufen des Steinhügels sogar recht ähnlich blieb: 45. 49. 51 bα*. 52 a. Die Einfügung dieser Ätiologie wurde dadurch erleichtert, daß zum Töchtervertrag ein Bundesmahl bei Jakob gehörte wie zum Grenzvertrag ein Mahl bei Laban 46 (*text. em.*). — Ergänzend kommt noch hinzu, daß NOTH, Gilead und Gad, ZDPV 75 (1959) S. 41 ff. überzeugend nachgewiesen hat, daß der Grenzvertrag erst in einem nicht zu frühen Stadium der Richterzeit entstanden sein kann. Zusammengenommen spricht m. E. alles gegen die These, daß die Jakob-Laban-Sagen aus dem Gileadvertrag abgeleitet werden können.

[121] Zur Bindung eines weniger Mächtigen durch Heirat mit der Tochter eines Mächtigeren vgl. den Vertrag Schuppiluliumas mit Mattiwaza bei E. F. WEIDNER, Politische Dokumente aus Kleinasien, Boghazköi-Studien Heft 8 (1923) S. 19 Z. 57—63; S. 51 ff. Z. 28f. 31; S. 55 passim.

[122] Die schroffe und endgültige Absage der Frauen 31 14-16 reibt sich auch mit dem Auftreten Labans zu ihren Gunsten beim Vertrag 31 50 E. Dagegen gewinnt man den Eindruck, daß dieser Vertrag sehr gut zu der Überlieferung von einer friedlichen und freundschaftlichen Trennung Jakobs und Labans paßt, wie sie 30 25 b. 28. 32-35 a erhalten blieb. Nachdem man sich über die Belohnung einig geworden war, die Jakob zuteil werden sollte, einigte man sich umgekehrt auch auf eine einzigartige Stellung der Töchter Labans in Jakobs Haus, welche ihre beiderseitigen Beziehungen weiterhin günstig gestalten sollten. Dabei erscheint Laban in jeder Hinsicht als der gebende Teil. Zu diesen Erzählungen müßte man schließlich noch 291-30, jedoch ohne das Betrugsmotiv, hinzufügen. — Die entscheidende Veränderung dieser Überlieferung ging also davon aus, daß die Frauen Israels dem Hause ihres Vaters eine endgültige Absage zu erteilen hatten. Dadurch konnte weder die Trennung von Laban noch der Vertrag zugunsten der Frauen auf unpolemischem Wege zustandekommen. Daran zeigt sich wohl auch die Andersartigkeit jener Überlieferung.

der Besitz der Theraphim im Verband des Vaterhauses eine Vorzugs-
stellung verliehen[123]. Da Jakob und Rahel aber das Haus Labans
fliehen, kann ihnen der Besitz der Theraphim in dieser Weise nicht
mehr von Nutzen sein[124]. Umgekehrt bedeutet ihr Verlust die schwerste
Schädigung des Ansehens innerhalb des Familienverbandes[125]. So
bleiben zwei Deutungsmöglichkeiten: a) Der Diebstahl hat den Sinn,
daß die rechtmäßige Fortsetzung des Vaterhauses nicht mehr bei
Laban, sondern bei Rahel und ihren Nachkommen lag[126]. Dem widerspricht das Motiv, daß Rahel sich auf die Theraphim setzt (34), was
man kaum anders denn als Verspottung verstehen kann[127]. Daher
bleibt nur die Lösung b), daß an eine Schädigung Labans gedacht
wird. — Die Erzählung handelt also von der Überlistung eines mächtigen Scheichs durch eine Frau mit deutlich antiaramäischer Tendenz.
Sie paßt gut zu 35 3. 4. Denn das Ablegen der fremden Götter hatte
ja den Sinn, Schutz vor diesen und ihrer Verehrerschaft zu gewähren[128].
Die antiaramäische Tendenz wird durch 35 2 ff. also noch verstärkt.
Sie setzt aber eine gewisse Zeit unfreundlicher Berührungen der ostjordanischen Stämme mit den Aramäern voraus, während der Töchtervertrag noch an ein überwiegend freundliches Verhältnis zu ihnen
denkt. Ferner wird das alte Ritual ganz auf den Schutz vor den Aramäern der östlichen Wüste festgelegt. Diese beiden Punkte sprechen
m. E. dafür, daß es sich bei dem Diebstahl der Theraphim um eine
spätere Veranschaulichung der in 35 2. 4 genannten fremden Götter
handelt und nicht um ein altes Motiv der Pentateucherzählung.

---

[123] Vgl. R. de Vaux, Die hebräischen Patriarchen und die modernen Entdeckungen
(1959) S. 83 ff.; O. Eissfeldt, Der Beutel der Lebendigen (1960) S. 7; C. H. Gordon, Geschichtliche Grundlagen des AT, 2. Aufl. (1961) S. 123. Der für dies Problem
wichtige Nuzu-Text in Übersetzung bei de Vaux a. a. O.

[124] So m. R. M. Greenberg, Another Look at Rachels Theft of the Theraphim, JBL
81 (1962) S. 239 ff.

[125] Greenberg a. a. O. zeigt das mit Hilfe von Parallelen, die die römischen Penaten
betreffen.

[126] Greenberg a. a. O. verweist auf einen Josephus-Text, nach dem parthische Frauen
ihre Familiengötter mitnahmen, wenn sie in Kriegsgefangenschaft gerieten. Der
Kult für diese Götter ging also im fremden Land weiter. Greenberg folgert allerdings aus dem Vergleich mit diesem Text, daß Rahel nur aus Eile die Theraphim
ihres Vaters mitgenommen habe, während sie sonst wohl von ihrem Vater ein
Duplikat erhalten hätte. Diese Deutung ist m. E. ganz unwahrscheinlich, und der
Text weiß von einer solchen Möglichkeit auch nichts.

[127] So mit Noth a. a. O. S. 103 A. 274. Gegen Noth folgt jedoch m. E. nicht aus dieser
Erzählung, daß die Theraphim nur bei den benachbarten Aramäern, nicht aber
bei den ostjordanischen Stämmen gebräuchlich gewesen sei. Sinn der Erzählung
ist doch offenbar die Verhöhnung der Götter *Labans*.

[128] S. o. S. 29.

Weitere Anknüpfungspunkte gibt es in den Jakob-Laban-Sagen nicht[129]. Ebensowenig bestehen Beziehungen zur Jakob-Esau-Sage[130]. Nach der Sichem-Bethel-Erzählung folgen in 35 16b-20 eine Rahelsage[131], in 35 21. 22a eine Notiz über Ruben, in 36 Listen über Esau-Edom, in 37. 39ff. der Sagenkranz über Joseph und seine Brüder[132], in 38 eine Judasage, in 48 1-20 eine Ephraim-Manasse-Sage, die die beiden Stämme wohl in das Zwölfstämmesystem einordnen sollen[133], und in 49 1-28 wieder eine Zwölfstämmetradition. Fraglich sind nur die Erzählungen von 34 46 1-5a und 48 21f. Gen 34 hält man im Allgemeinen für eine Simeon-Levi-Sage[134]. Dagegen hat neuerdings S. LEHMING[135] eingewandt, daß Simeon und Levi in auffälliger Weise erst am Schluß der Erzählung auftauchen (25. 30), während im übrigen die Bene Jakob die eigentlich Handelnden sind. Da nun eine Sage nur erhalten zu bleiben pflegt, wenn es stets interessiert bleibende Überlieferungsträger gibt, schließt LEHMING, daß es sich von vornherein um eine gesamtisraelitische Tradition gehandelt haben müsse, die das Verhältnis der Amphiktyonie zur Stadt Sichem beschreibe. Für eine

---

[129] Der Kern der Erzählung 30 24bff. hat sich schon als Jakobtradition erwiesen, s. o. S. 35f. Zu 29 1-30 vgl. NOTH a. a. O. S. 108f. und s. u. § 7.

[130] Die Deutung der Jakob-Esau-Sagen auf das Verhältnis Israel-Edom dürfte ein sehr spätes Stadium dieses Erzählungskranzes darstellen, so m. R. V. MAAG, Jakob-Esau-Edom, ThZ 13 (1957) S. 418ff. (nach NOTH a. a. O. S. 104).

[131] Daß es sich um eine Rahelsage handelt, zeigt S. MOWINCKEL, BZAW 77 (1958) S. 133f. Gegen MOWINCKEL wird Rahel jedoch kaum ursprünglich eine Muttergöttin gewesen sein. Vielmehr trifft man in 35 16b-20 wohl auf die im Alten Orient auch sonst bezeugte Ahnen-Verehrung, die in diesem Fall mit Motiven des Fruchtbarkeitsdenkens ausgestattet ist, so mit ALBRIGHT, The High Place in Ancient Palestine, SVT 4 (1956) S. 242ff. ALBRIGHT meint, daß die Massebe 20b wie ein פֻּגַר (Totenstele) oder eine יָד (Totengedenkstein, vgl. dazu K. GALLING, ZDPV 75, S. 1ff.) zu verstehen sei. Nach CH. RABIN, Scripta Hierosolymitana 8 (1961) S. 386 soll man בֶּן אֹנִי nicht von אוֹן, sondern von אֲוָה ableiten, da erst dann (»Sohn meiner Trauer«) ein wirklicher Gegensatz zum »Glückssohn« bestehe. M. E. soll man einen derartigen Anklang wohl mithören. Aber es liegt näher, den Namen zu verstehen als »Sohn meines dem Tabu (Tod) Verfallenseins«. Man wird zumindest fragen müssen, ob nicht der Kult am Rahelgrab und die Sprüche 35 18 viel älter sind als die Einwanderung der israelitischen Stämme. Hat der Stamm Benjamin seinen Namen aus der Beteiligung an diesem Kult? Anders K.-D. SCHUNCK, Benjamin, BZAW 86 (1963) S. 8ff.

[132] Mit E. MEYER, Israeliten S. 288 scheint mir ein stammesgeschichtlicher Kern in der Josephsage enthalten zu sein, gegen NOTH a. a. O. S. 226ff. Näheres s. u. § 7.

[133] Vgl. NOTH a. a. O. S. 91f.

[134] Vgl. etwa NOTH a. a. O. S. 93ff.; H. H. ROWLEY, From Joseph to Joshua (1950) S. 127ff.; und die ausführliche Besprechung bei E. NIELSEN, Shechem S. 240ff., der jedoch meint, daß Levi erst sekundär eingefügt sei.

[135] Zur Überlieferungsgeschichte von Gen 34, ZAW 70 (1958) S. 228ff. In seiner Einzelanalyse kann ich LEHMING jedoch nicht zustimmen.

solche Deutung scheint mir jedoch der geographische Rahmen, der nicht über das Gebiet von Sichem hinausreicht[136], zu eng. Richtig könnte aber sein, daß die Sage ursprünglich von den Bene Jakob sprach[137], die dann zunächst nur die auf dem samarischen Gebirge ansässigen oder wandernden Jakobiten gewesen sein können[138]. Also handelt es sich in keinem Fall um eine eigentliche Israeltradition.

48 21 f. ist oben[139] schon besprochen worden. Nach dieser Tradition teilt Israel dem Joseph testamentarisch einen Anteil über den seiner Brüder zu und bestimmt ihn damit zum Chef des Hauses bzw. zum »Erstgeborenen«[140]. Sie nimmt offenbar auf das Zwölfstämmesystem Bezug und gehört deutlich zur Josephüberlieferung. Eine ursprüngliche Beziehung zum Vater Israel ist kaum anzunehmen[141].

Bleibt 46 1-5a! Israel-Jakob zieht nach Beerseba und opfert dort dem Gott seines Vaters Isaak. Die Tradition setzt also die Verbindung mit dem Vater Isaak bereits voraus[142]. Auffällig in ihr ist vor allem 4a: »Ich, ich will mit dir nach Ägypten hinabsteigen und ich, ich will dich sicherlich auch wieder heraufführen.« Diese Aussage ist fremd in ihrer Umgebung. 4b verknüpft sie sehr hart mit der Josephsage, nach der der Vater *nicht* wieder aus Ägypten zurück-

---

[136] Auch 34 30 und 35 5 bβ. γ bleiben in diesem eng begrenzten geographischen Bereich.

[137] Dina wird 34 8. 17 als »Tochter« der Jakobiten, d. h. wohl als Angehörige der Jakobitensippe bezeichnet. Danach könnte man vermuten, daß zumindest nach einer Erzählungsvariante der Vater der Dina unbenannt und also nur ein einfacher, für sich stehender Jakobit war, der warten mußte, bis die Brüder, die Bene Jakob, von ihrer Trift kamen (5). Nachdem die Brüder die Untat durch List gerächt und die Stadt schwer geplündert hatten (27-29), fürchtete er für sich Sanktionen seitens der Verbündeten der Geschädigten, sobald die Bene Jakob weitergezogen waren (30 f.). Die Rolle dieses bei Sichem ansässig gedachten Vaters wäre dann auf Jakob übertragen worden, was die merkwürdig zweitrangige Haltung des Jakob gut erklären würde. Ein weiterer Schritt der Konkretion der handelnden Personen müßte die Einführung von Simeon und Levi sein, wohl aus der Erinnerung heraus, daß die beiden Stämme einmal in dieser Gegend ihre Wohnsitze gehabt hatten. — Den letzten Schritt in der Entwicklung der Sage stellt die sichere Abwanderung Jakobs in ein neues Territorium dar (35 5), vgl. A. van Selms, O. T. St. 12 (1958) S. 195.

[138] Zu denken wäre an die Bene Jakob, die sich durch die Vereinigung der Väter Israel und Jakob konstituiert hatten.

[139] S. o. S. 27 f.

[140] S. o. S. 27 A. 77.

[141] Die ausgeführte Josephsage hatte jedoch an diesem sicherlich älteren Überlieferungselement einen wirklichen Anhaltspunkt. Schon vor der ägyptischen Josephsage muß es eine Erzählung vom Aufstieg Josephs gegeben haben, deren Reste man noch in 29 31—30 24 37 12 ff. und dem ursprünglichen Schlußstein 48 21 f. beobachten kann. S. Näheres in § 7.

[142] Gen 46 1-5 a wird denn auch weithin für eine Isaak-Tradition gehalten, vgl. RGG 3. Aufl. Bd. III *ad vocem* Isaak.

kehren wird, und 3 b verknüpft die Genesis- und die Exodustraditionen: »Denn dort will ich dich zu einem großen Volk machen«[143]. Daraus wird ersichtlich, daß in 4 a ältere Überlieferung vom Gott Isaaks zum Vorschein kommt[144].

Diese Überlieferung steht in der Genesis nicht isoliert da. Einen deutlichen Reflex findet man in der merkwürdigen Notiz 26 2 J. Isaak befindet sich bereits in Gerar, als Jahwe ihm erscheint und zu ihm sagt: »Zieh nicht nach Ägypten hinab!«, so als sei für Isaak die Abwanderung nach Ägypten im Falle der Hungersnot das Nächstliegende[145]. 26 1 a. 2 weist seinerseits auf Gen 12 10 ff. hin. Die Stammmuttersage[146] war aber wohl ursprünglich in Gerar lokalisiert (Gen 20 26 1 b. 6 ff.), während in 12 9 f. 13 1 der Rest einer Erzählung vom Zug des Vaters nach Ägypten erhalten ist, der dem 46 4 a Angekündigten genau entspricht[147]. Da nun Israel-Jakob die Weisung 46 4 a

---

[143] Vgl. Dtn 26 5; anders Jos 24 3.

[144] 4 a einer anderen Quelle zuzuweisen als 3 b. 4 b, nützt nichts, da 4 a in jedem Fall der Gesamtkomposition des Pentateuch widerspricht.

[145] 26 2-5 ist offenbar eine ungeschickt eingefügte, ursprünglich selbständige Theophanieszene, die aus zwei Elementen zusammengesetzt ist: a) Der Umkehrung von 46 3. 4 a in 26 2 a. 3 a. In diesem Element besteht eine eindeutige Bezugnahme auf 46 1-5 a. b) Der Theophanieszene 26 24, vermehrt um die Landverheißung und die Führungsaussage 12 1. 3, vgl. 26 24 und 3 bβ. 4 aα. 5 12 1 und 26 2 b 12 3 und 26 4 b. Bei den Elementen 2 b. 3 b-5 wird es sich daher um einen sekundären Nachtrag handeln, der Isaak an Abraham und Israel-Jakob angleichen sollte.

[146] Wenn man aus den drei Varianten das Gemeinsame erhebt, so ergibt sich für diese Sage folgende Grundgestalt: Durch die Kargheit seines Lebensraumes wird ein Nomade gezwungen, aus dem Negeb (12 1 13 1 20 1 25 11 für 26 1. 6 ff.) in ein Stück Kulturland einzuwandern. Dies ist jedoch für seine Unsittlichkeit im Umgang mit Frauen bekannt (12 12 ff. 20 11 26 10), und so greift der Mann als Eigentümer seiner Frau zu einer List: Er gibt sie als seine Schwester aus (12 12 20 2 26 7). Aber der wahre Sachverhalt wird einige Zeit später entdeckt (12 17 20 3 ff. 26 8). Der Mann muß schwere Vorwürfe über sich ergehen lassen (12 18 20 9 26 10); aber sein Ziel hat er erreicht: Er wird reich (12 16 20 16 26 12-14), auch wenn er nach einiger Zeit abziehen muß (12 20 21 22 ff. zu 20 1 ff. 26 16. 17 a). — Es leuchtet ein, daß sich eine solche Erzählung ohne weiteres auf eine Wanderung nach Ägypten und die Zeit einer Hungersnot übertragen ließ.

[147] In ähnlicher Weise hat S. H. Hooke, In the Beginning, 2. Aufl. (1950) S. 83 f. erwogen, ob nicht Gen 12 10—13 1 die älteste Einwanderung der Hebräer nach Ägypten berichte, zumal die Parallelen Gen 20 und 26 allerhand Analogien zum Exodus zeigten: bevorzugte Behandlung in Äg., Intervention Jahwes, triumphaler Exodus mit ägypt. Vermögen. — Gegen diese Argumentation hat Rowley a. a. O. S. 6 n. 1 m. R. eingewandt, daß Hooke nur eine Dublette zum großen Exodus herausarbeite, die dann sekundär sein müsse. — M. E. muß man die Wanderungstradition und die Stammuttersage voneinander trennen. Sie haben ursprünglich nichts miteinander zu tun. Vermittelnd dürfte gewirkt haben, daß zum Motiv 46 4 a wohl auch der Erwerb reichlichen Eigentums in Ägypten gehört haben wird.

nur als Angehörigem der Isaak-Sippe zuteil wird[148], ist die Überlieferung von einem Zug nach Ägypten ebenfalls nicht beim Vater Israel ursprünglich[149].

Daher lautet das Ergebnis, daß außer den Spuren in Gen 31 13b. 14. 16b. 21a 33 18-20 und 35 2. 3b. 4 (Dtn 26 5ff. Jos 24 2-13) keine weiteren Überlieferungen für den Vater Israel nachweisbar sind.

§ 7. Zur Überlieferungsgeschichte der Jakob-Israel-Sagen

Bei den Analysen sind schon mehrfach traditionsgeschichtliche Entwicklungen verfolgt worden, die jetzt in systematischem Zusammenhang überschaut werden müssen. Als Ausgangspunkt der Gesamtüberlieferung hat sich die Tradition des Vaters Israel herausgestellt, die aus zwei Elementen bestand: 1. dem Befehl Gottes zur Auswanderung aus Mesopotamien, erhalten nur noch als Absage der Frauen Israels an ihr Vaterhaus (31 13b. 14. 16b. 21a); 2. dem Einzug in das Gebiet von Sichem und der Einrichtung eines Heiligtums in Sichem mit einem bestimmten Kult für den Gott Israels (33 18-20 35 2. 3b. 4). Wie schon gesagt, ist dies offenbar das in Erzählung zerlegte Vaterbekenntnis[150].

Auch die erste Erweiterung der *Israel*-Überlieferung kann nach der bisherigen Untersuchung nicht zweifelhaft sein. Denn die Bethelsagen bieten die eine der beiden einzigen ausdrücklichen Ausweitungen für den Bereich des Israel-Namens[151]. Sobald aber diese hinzugetreten sind, kann man nicht mehr von der Verknüpfung der

Im übrigen ließ sich die Stammuttersage leicht auf die Wanderung nach Ägypten übertragen. S. o. A. 146.

[148] Das Opfer gilt dem Gott Isaaks.

[149] Alle Wahrscheinlichkeit spricht dafür, daß sie zum Vater Isaak gehört hat, da sich die J-Erzählung von Gen 12f. als Eigenkomposition des Jahwisten erwiesen hat, s. o. S. 21f. Dann hat aber die Bezeugung 46 1b. 4a und 26 2a. 3a erhebliches Gewicht. Da Isaak ausschließlich im Negeb auftritt — 25 11 (24 62) Beer Lahaj Roi, Gen 26 Gegend zwischen Beerseba und Gerar, Nachbar ist Ismael, der sich nach 21 21 in der Wüste Pharan aufhielt —, dürfte die Erinnerung an einen Zug der Isaaksippe nach und von Ägypten durchaus zutreffend sein. Denn der Negeb ist eine Gegend uralter Karawanenstraßen sowohl in der Nord-Süd- als auch in der Ost-West-Richtung, vgl. N. GLUECK, The Age of Abraham in the Negeb, BA 18 (1955) S. 2ff. Die Datierung der Zeit Abrahams durch GLUECK (MBZ I) ist allerdings wenig überzeugend. — Daß einst Angehörige der Isaakgruppe nach Ägypten gewandert sind, meint auch JEPSEN a. a. O. S. 265ff.

[150] Auch NOTH, Üb. des Pent. S. 88 nimmt an, daß Sichem der älteste Haftpunkt der Jakob-Israel-Sagen sei.

[151] Neben Jos 24, wenn man von der Ausweitung des Namens Israel durch den Neuen Bund absieht. Zu 32 28f. s. o. S. 20.

Erzväter miteinander abstrahieren, nach welcher Israel-Jakob das
Land seiner Väter verlassen muß und erst nach langer Zeit wieder
zurückkehren kann. Denn die Bethel-Sichem-Erzählungen bilden das
Grundgerüst der gegenwärtigen Israel-Jakob-Tradition und ent-
wickeln durch die Trennung von Theophanie und Heiligtumsweihe in
Bethel das spannende Moment.

Der Anlaß zum Verlassen des Landes war für Jakob wohl nach
diesem Stadium der Erzählung der Erwerb von Frauen im Bereich
des Ursprungs seiner Väter (27 46 P 29 1-30 31 44 a. 50. 53 b—32 1). Die
Einführung der Frauen in die Überlieferung bot die Möglichkeit, die
alte Israeltradition mit der Verknüpfung der drei Erzväter untereinander auszugleichen. Die daraus resultierende Entwicklung ist oben[152]
schon geschildert worden und braucht hier nicht wiederholt zu werden.

Eine Sammlung ostjordanischer Hirtenerzählungen enthalten
32 2—33 16. Doch scheint hier das Verhältnis der Erzählung vom
Jabbokkampf zur umgebenden Jakob-Esau-Sage problematisch zu
sein. Denn im Anschluß an GUNKEL[153] hat NOTH[154] ausgeführt, daß
32 23 ff. ein jüngerer Einschub in die umgebende Erzählung sei, da sie
1. den Geschichten vom ostjordanischen Jakob fremd gegenüber-
stehe, 2. unglücklich in die Szene von der Begegnung Jakobs mit
Esau eingeschoben sei und 3. durch das Nebenmotiv der Umbenennung Jakobs in Israel eine gesamtisraelitische Ausweitung erfahren
habe. Der letzte Punkt ist oben[155] schon behandelt worden. Die Umbenennung ist in der Erzählung nicht ursprünglich und kann daher
für ihre Einordnung nicht in Anspruch genommen werden.

Aber auch das zweite Argument ist nicht stichhaltig. Denn die
Erzählung von der Begegnung Jakobs mit Esau ist offenbar stark
überarbeitet worden[156]. Das zeigt sich vor allem daran, daß auf die in
32 4-22 so ausführlich geschilderten Vorbereitungen für das Treffen

---

[152] S. o. S. 33. 35 ff.
[153] Preuß. Jahrbücher 176 (1919) S. 349.
[154] A. a. O. S. 110 f.
[155] S. 20.
[156] Zur Literarkritik: 32 4-14 a dürfte zu J, 32 14 b-22 zu E gehören, so mit NOTH a. a. O.
S. 31. 38 und v. RAD a. a. O. z. St. In 33 1-16 kann ich jedoch außer 8-10 J // 11 E
keine weiteren Dubletten entdecken, gegen NOTH a. a. O. 33 8 knüpft offenbar
an die Vorbereitungen 32 8 b. 9 J an, vgl. v. RAD a. a. O. S. 286, und 10 aβ ist zu
11 a parallel. In 10 b kommt zwar das Wort Elohim vor, bezeichnet aber dort nicht
Jahwe selbst, so daß 8-10 ohne weiteres zu J gerechnet werden kann. Seine Beziehung zur J-Erzählung vom Jabbokkampf tritt deutlich hervor. Alle drei Motive
(das Anwachsen Jakobs zum Bestand von zwei Lagern 32 10-13, der Jabbokkampf
und die Versöhnung mit Esau) hat der Jahwist zu einer spannungsvollen Erzählung zusammengefaßt.

in 33 1 ff. kaum mehr eingegangen wird[157]. Der Grund für diese mangelnde Folgerichtigkeit liegt aber nicht, wie Noth meint, in dem Einschub des Jabbokkampfes, sondern in den Anspielungen an die Ortsnamen Mahanaim[158] und Pnuel[159]. Diese zeigen aber, daß die Erzählung einem bereits bestehenden Itinerar angepaßt worden ist[160].

Ebensowenig dürfte Noths letzter Einwand zutreffen, daß die Erzählung vom Jabbokkampf den ostjordanischen Jakob-Sagen fremd gegenüberstünde. Denn gerade die Reihung Mahanaim-Pnuel-»Begegnung mit Esau« schildert Begebnisse, die für einen Wanderhirten charakteristisch sind. Der Ort Mahanaim ist unheimlich und seltsam, so erzählte man sich, weil dem Erzvater dort einst ein Engelheer begegnet ist und der Ort seither einen eigentümlichen Charakter behalten hat. Der Kampf am Jabbok wahr wohl ursprünglich ein Kampf mit dem Flußdämon um die Furt[161]. Dem Erzvater gelang es, den Gegner zu bezwingen, so daß den Nachfahren jetzt dort keine Gefahr mehr droht. Zieht man über Pnuel hinaus, so kommt

---

[157] Vgl. Noth a. a. O. S. 111 A. 297.

[158] Die Erweiterungen sind hauptsächlich mit den Anspielungen auf diesen Ortsnamen verbunden. Den ursprünglicheren Eindruck macht hier die E-Erzählung, da ihre Anspielung durch das Wort Mincha nicht so direkt zum Ortsnamen führt wie bei J, obwohl ihre Schilderung breiter angelegt ist als das bei J Entsprechende (32 8 f.). Im übrigen wird die E-Erzählung durch 33 1 ff. ganz sachgemäß fortgesetzt. Dem aus dem Jordangraben kommenden Bandenführer schickt Jakob eine gestaffelte Reihe von kleinen Herden als Geschenk entgegen. Diese Maßnahme hat Erfolg, denn die Begrüßung durch jenen ist überaus freundlich. Danach entsteht ein kleines höfliches Palaver darüber, ob er das Geschenk auch wirklich annehmen kann; aber selbstverständlich gelingt es Jakob, ihn zur Annahme zu bewegen 33 11. Daraufhin bietet er Jakob freies Geleit in seinem Gebiet an, das Jakob aber höflich ablehnt, weil er weiß, daß die freundliche Gesinnung jenes Scheichs ihm gegenüber zu seiner Sicherheit völlig genügt, und weil das Angebot wohl auch kaum mehr als Höflichkeit zeigt, gegen v. Rad a. a. O. Zur Auffassung des Erzählungsstoffes vgl. R. de Vaux, a. a. O. S. 66.

[159] E hatte den Namen Pnuel bereits 32 31 »erklärt«. Die E-Erzählung legt also dar, daß Jakob dem Esau in größerer Zuversicht begegnen konnte, nachdem Gott sich ihm von Angesicht zu Angesicht gezeigt hatte.

[160] Ist dann die Jakob-Esau-Erzählung ein jüngerer Einschub? Wohl kaum! Vielmehr ist sekundär wohl nur die Verflechtung der drei Erzählungen miteinander, die dadurch zustande kam, daß nach den Jakob-Laban-Sagen das Thema »Jakob—Esau« zum Abschluß gebracht werden sollte, das zur Exposition und zur Bethelerzählung 28 11 ff. zurücklenkt.

[161] S. o. S. 19. — Der Jabbok führt zu Zeiten sehr viel Wasser und kann dann recht gefährlich sein für die, die ihn überschreiten wollen, vgl. F. van Trigt, La signification de la lutte de Jacob près du Yabboq, OTSt XII (1958) S. 287. Daher ist die Entstehung dieser Sage ohne weiteres verständlich.

man in das Einflußgebiet gefährlicher Banden des Jordangrabens[162], deren Wohlwollen man braucht, wenn man ihr Gebiet durchquert[163].

Über das Alter dieser Sagen relativ zur Bethel-Tradition läßt sich m. E. nichts Sicheres ausmachen. Da sie Typisches bieten, sind sie nicht an eine spezifische Zeit gebunden. Es fällt jedoch auf, daß unter den ostjordanischen Sagen jede Erzählung von einer Heiligtumsgründung fehlt[164]. Vielmehr sind alle Jakobsagen in den älteren Quellen[165] zu den Heiligtümern von Sichem und Bethel hin orientiert. Dem entspricht, daß Mahanaim, Pnuel und die Gegend des Jordangrabens Stationen auf dem Weg von der großen N-S-Straße im Ostjordanland nach Sichem (durch das *wādi ṭār'a*) sind[166]. Diese Orientierung zu den beiden westjordanischen Heiligtümern ist durchaus nicht unglaubwürdig. Denn es ist ohne weiteres denkbar, daß Wanderhirten aus dem Ostjordanland einmal im Jahr zur Teilnahme am Kult von Sichem und Bethel ins Westjordanland kamen[167]. Eine solche Verbundenheit von Nomaden mit weit entfernt liegenden

---

[162] Vergleichbar sind die Bande des Jephta im Lande Tob Jdc 11 3 und die des David. Falsches Verhalten gegenüber einem solchen Führer zeigt I Sam 25, das Abigail im letzten Moment noch zurechtrückt. Richtiges Verhalten zeigt, wenn auch in anderer Situation, Gen 32 4-22 33 1-16. — Zur Deutung Esaus als Bandenführer würde gut die Anzahl der Esau begleitenden Leute passen, wie Parallelen aus Ugarit und Alalach über ähnliche Gruppe räuberischer 'Apīru zeigen, vgl. O. EISSFELDT, Ugarit und Alalach, FuF 28 (1954) S. 82f.

[163] Die Verknüpfung Esaus mit Edom ist hier nicht ursprünglich. Nach der gegenwärtigen Überlieferung müßte Esau auf irgendeinem Wege von Edom in den Jordangraben gelangt und von da aus den Jabbok aufwärts gezogen sein. Das ist, nach den verkehrstechnischen Verhältnissen zu urteilen, eine recht unglaubwürdige Route, vgl. NOTH, PJB 37 (1941) S. 62 A. 1; Üb. des Pent. S. 104f.

[164] Erst die späten Stellen 31 44. 49. 54 berichten von einer Heiligtumsgründung (Mizpa), s. dazu oben S. 36 A. 120. 32 31 E könnte auf ein bestehendes Heiligtum (Pnuel) gemünzt sein, obwohl eine Kultgründung selbst nicht erzählt wird. Beide Notizen besagen jedoch nichts für den Ursprung der ostjordanischen Jakobtradition.

[165] 35 27 ist P.

[166] Vgl. ZDPV 73 (1957) S. 32f.

[167] Große Entfernungen spielen bekanntlich für solche Wanderhirten keine Rolle. Man vgl. etwa M. DU BUIT, RB 66 (1959) S. 580f: Nach den Maritexten ist eine Sommer-Winter-Weidenwanderung von 250—300 km normal. Die Herden des Königs suchen Futter bis zu einer Entfernung von 400 km. Von den Benjaminiten Maris weiß man, daß ihr Hauptreservoir in NW-Mesopotamien (Gegend Harans) lag; aber ihre südlichsten Ausläufer erstreckten sich bis nach Uruk, und es gab viel Fluktuation zwischen den beiden äußersten Punkten. Die Stadt Ur hat dabei wahrscheinlich ebensosehr als Kultstätte wie als kultureller Umschlagplatz gewirkt, vgl. J. R. KUPPER, Les nomades en Mésopotamie au temps des rois de Mari (1957) S. 79. Dasselbe ist natürlich für Sichem am Knotenpunkt der NS- und der OW-Straße und in geringerem Maße wohl auch für Bethel anzunehmen.

Heiligtümern ist in alter Zeit auch sonst nicht unbekannt[168]. Parallelen aus Mari zeigen, daß es bei diesen Gelegenheiten zu allmählichen Ablagerungen von Nomaden im Gebiet der Heiligtümer kam, welche damit zur Seßhaftigkeit übergingen[169]. Die Übereinstimmung mit dem Wanderweg Jakobs nach Sichem und Bethel und der in Bethel haftenden Landverheißung 28 13 b scheint mir nicht von der Hand zu weisen zu sein.

Diese drei ostjordanischen Jakobssagen stammen daher vielleicht aus relativ alter Überlieferung[170], die den Einwanderungsweg der Jakobsippe festhielt. Für dieses Verständnis spricht m. E. auch die Tradition vom Jakobsgrab (Gen 50 10 f.)[171]. Denn ich halte es für wenig wahrscheinlich, daß die Jakobsgestalt, die erst von Siedlern aus Ephraim[172] nach Gilead verpflanzt sein soll[173], in einem

---

[168] Nach den Maritexten suchten z. B. viele Benjaminiten das Heiligtum von Sippar, viele Suti das von Ur auf. An beiden Heiligtümern bildeten sich als eine Art von »Vorstädten« große Nomadenlager (*alānu*), bei Sippar entstanden für sie sogar die Namen *Sippar Amnānum* und *Sippar Jaḫrūrum*, vgl. Kupper a. a. O. S. 88 (*Amnānum* und *Jaḫrūrum* sind Namen benjaminitischer Stämme.)

[169] Vgl. die vorige Anm.

[170] Gegen Noth, PJB 37 (1941) S. 69; Üb. des Pent. S. 96 ff.; mit Jepsen a. a. O. S. 146 ff., vgl. jedoch ausführlich u. A. 172.

[171] Daß es sich um eine ursprüngliche Grabtradition handeln muß, zeigt Noth, Üb. des Pent. S. 96 f.

[172] Diese These hat Noth ausführlich begründet in PJB 37, S. 50 ff.; dagegen vor allem Jepsen a. a. O. Jepsens Gegenthese sieht so aus, daß Jakob im Ostjordanland ursprünglich gewesen sein und zum Stamm Ruben gehört haben soll, der von Anfang an dort ansässig gewesen sei. Aber die Verbindung des Stammes Ruben mit dem alten Land Gilead ist durch Num 32 1 ganz schwach begründet, da weder die Ortslisten Num 32 3. 34-38 noch die alten Nachrichten 32 39-42 dieses Land in das Gebiet von Ruben und Gad einbeziehen, vgl. J. Hoftijzer, Ned. Theol. Tijdschr. 14 (1959/60) S. 246 ff. Daher wird die entsprechende Nachricht in Num 32 1 aus je verschiedenen Gründen von Hoftijzer a. a. O. S. 248 und Noth, ZAW 60 (1944) S. 36 als sekundär angesehen. Auch Jdc 5 15 b. 16, das Jepsen zur Begründung seiner These »Ruben im Ostjordanland« heranzieht, beweist nichts. In seiner Auffassung stützt er sich auf O. Ei ssfeldt, FuF 25 (1949) S. 9, wo dieser das in Jdc 5 16 vorkommende Wort מִשְׁפְּתַיִם mit den im Ostjordanland gefundenen Gabelhürden in Verbindung bringt. Aber angenommen, daß diese Kombination richtig ist, folgt daraus, daß Gabelhürden bisher nur im Ostjordanland gefunden wurden, auch, daß es sie nur dort gab? Ferner wird im Deboralied zwischen Ruben und Gilead geschieden, und erst von Gilead heißt es: »jenseits des Jordan« (17). — Anders als Jepsen meint Hoftijzer a. a. O., daß nicht Ephraim, sondern Machir das Land südl. des Jabbok eingenommen habe, und beruft sich vor allem auf die alte Notiz Num 32 39. Nicht zufällig erwähne die Ortsliste 32 (3). 34-38 keinen Ort aus diesem Gebiet. — Derjenige, der diese Liste mit 32 39 f. zusammengestellt hat, wird mit Gilead daher sowohl das Land südl. des Jabbok als auch nördl. des ʿadschlūn meinen, da die 41 f. erwähnten Orte in die Nachbarschaft dieses zweiten Gebiets

verhältnismäßig so späten Stadium der Überlieferung noch eine

---

gehören, vgl. NOTH, PJB 37, S. 78. Da das Deboralied Machir westl. des Jordans ansetzt und Gilead unabhängig von ihm erwähnt, bleibt die These NOTHS a. a. O.; Gesch. Israels S. 62 immer noch am wahrscheinlichsten, daß Machir später das Land Gilead nördl. des ʿadschlūn erobert hat und sein Gebiet erst sekundär auf das südl. Gilead ausgedehnt worden ist.

[173] M. E. ist es schon ein Fehler, die Erzväter-Überlieferung eng an die Geschicke eines Stammes zu binden. Bei Isaak und Abraham kann das wegen ihrer im Negeb liegenden Haftpunkte (s. u. Teil II, 2. Abschn. § 2) sowieso nicht gelingen. Aber auch Jakob und Joseph muß man voneinander trennen, da sonst der Erzvater mit dem Stammeseponym konkurrieren würde. Denn mit E. MEYER a. a. O. S. 288; gegen NOTH, Üb. d. Pent. S. 226 ff. sind Gen 37 12 ff. 48 21f. Jos 24 32 stammesgeschichtlich auszulegen. Zwar betont NOTH a. a. O. zu Recht, daß Gen 37 eine Erzählung von Joseph und seinen Brüdern sei; aber da die Auseinandersetzung auf den später manassitischen Raum beschränkt bleibt, waren die Brüder wohl zunächst ebenfalls ein eng begrenzter Kreis. Man wird besonders an die Stämme denken, in deren Territorium das Haus Joseph seine Wohnsitze nahm, weil sie fast ganz verschollen waren, und deren Abstieg entsprechend in 34 25. 30 (Simeon und Levi) und 35 22 a (Ruben) erzählt wird, vgl. EISSFELDT, Die Genesis der Genesis (1961) S. 9. — Anders E. TÄUBLER, Biblische Studien (1958) S. 176 ff.; S. MOWINCKEL, Rahelstämme und Leastämme, BZAW 77 (1958) S. 142 ff. — NOTHS stärkstes Argument dafür, daß erst ephraimitische Siedler Gilead für sich in Anspruch nahmen, besteht in dem Spruch פְּלִיטֵי אֶפְרַיִם אַתֶּם (Jdc 12 4 bα), vgl. Üb. des Pent. S. 68; Gesch. Israels S. 61. Aber dieser Spruch reibt sich mit dem Gebrauch von פְּלִיטֵי אֶפְרַיִם in 5, wo der Ausdruck nach dem Gang der Handlung völlig zu Recht steht. Dann aber kann er in 4 unmöglich von Anfang an gestanden haben, vgl. K. BUDDE, Das Buch der Richter (1897) z. St. In 4 b ist m. E. Zusatz nur das Wort פְּלִיטֵי, und der Ruf hieß: »Ephraim seid ihr, Gilead liegt mitten in Ephraim«. Verläßliche Tradition ist jedenfalls nur der Ruf בְּתוֹךְ אֶפְרַיִם גִּלְעָד. Dann läßt sich NOTHS Argumentation genau umdrehen: Der Stamm Ephraim ist aus Sippen entstanden, die aus dem Land Gilead kommend sich in der Gegend des Ortes Ephraim (II Sam 13 23), 10 km n. ö. von Bethel, ansiedelten und sich von da aus immer mehr ausbreiteten. Man wird mit dem Ursprung des Namens Ephraim in die äußerste Südostecke des samarischen Gebirges, d. h. in die Gegend von Bethel, geführt, vgl. jetzt SEEBASS, VT 15 (1965). Hat das keinen Zusammenhang mit der Jakobüberlieferung Gen 28 13 b? Der Vorgang von Jdc 12 1 ff. erklärt sich von diesen Voraussetzungen aus jedenfalls ohne weiteres: z. Zt. Jephthas wollte der Stamm Ephraim aus dieser alten Verwandtschaft Kapital schlagen und Gilead zu ephraimitischem Gebiet erklären. Aber die Sippen, die im relativ älteren Wandergebiet geblieben sind, ließen sich solch eine Vereinnahmung nicht gefallen und wehrten den ephraimitischen Anspruch ab. — Auf diese Weise ließe sich auch die enge Bindung Gileads an Israel einerseits und seine relativ ausgeprägte Selbständigkeit (Deboralied!) andererseits ohne weiteres erklären. Ihre Bindung galt den alten Heiligtümern Sichem und Bethel, aber nicht der Amphiktyonie als einer ihrer Stämme. Aus der Bindung an Sichem erklärt sich schließlich die Tatsache, daß auch der Stamm Manasse enge Beziehungen zum Land Gilead voraussetzen zu können meinte Jdc 8 4 ff.

Grabtradition von solcher Bedeutung entwickelte, daß sie in die Gesamttradition aufgenommen wurde, obwohl es eine sicher sehr alte Tradition vom Tod Israel-Jakobs in seinem ureigensten Bereich vor Sichem gab[174]. M. E. ist es wahrscheinlicher, daß die Grabtradition noch unabhängig von der Verknüpfung Jakobs mit Israel entstand und den nicht unbeträchtlichen Anteil der Jakobsippe repräsentierte, der vorwiegend im Ostjordanland wanderte.

So bleibt schließlich Gen 27. Ursprünglich wohl eine Gegenüberstellung der Typen des Kleinviehhirten und des Jägers[175], dient es jetzt zur Darstellung des Konfliktes, dessentwegen Jakob das Land seiner Väter verlassen muß. Verschiedene Spuren deuten daraufhin, daß Jakobs Flucht nicht von Anfang an so erzählt worden ist, wie das Endstadium der Überlieferung das verlangte[176]. U. a. wird erzählt, daß Jakob in das Land der בני קדם gelangte[177], ohne daß danach eine Ortsveränderung wiedergegeben würde, die ihn nach Mesopotamien brächte. Aus späterer Zeit ist uns eine Situation bekannt, in der Leute, die sich im Kulturland etwas hatten zuschulden kommen lassen, ebenfalls in das wegen seiner Abgelegenheit Schutz bietende Land der »Ostleute«[178] flohen, und ähnlich wie bei Jakob hört man von einem Mann, der als Hirte bei seinem Onkel in Dienst tritt[179]. Diese Analogie rundet das Bild der eigentlichen Jakobtradition ab, die sich thesenhaft wie folgt zusammenfassen läßt:

a) Die Jakobgruppe kam aus dem Bereich der בני קדם (25 5 f. 29 1 a)[180], nicht aus Mesopotamien. Die Herkunft aus Mesopotamien betrifft den Vater Israel[181].

---

[174] S. o. S. 28 f. Alt ist diese Tradition insofern, als die Israeltradition wahrscheinlich mit Selbstverständlichkeit den Tod Israels bei Sichem ansetzte. Daran konnte Gen 48 22 anknüpfen.

[175] Vgl. NOTH, Üb. des Pent. S. 106 ff.

[176] Vgl. NOTH a. a. O. S. 108.

[177] 29 1 29 4 setzt allerdings voraus, daß die Angehörigen der Labansippe von Haran bis in das Land der »Ostleute« gewandert sind. Aber das dient wohl nur zur Verknüpfung der beiden weit voneinander entfernten Bereiche.

[178] Gemeint sind die Safatener. Die Parallelen sind gesammelt bei O. EISSFELDT, Das Alte Testament im Lichte der safatenischen Inschriften, ZDMG 104 (1954) S. 88 ff. Ihr Kerngebiet war wahrscheinlich der Bereich zwischen dem Hauran und der Harra, vgl. EISSFELDT a. a. O. S. 96 f.

[179] Vgl. EISSFELDT a. a. O.

[180] Nach 25 6 sendet Abraham die Söhne seiner Nebenfrauen in das Land Kedem. Zu Isaak, der sich anschließend in Beer Lachaj Roi niederläßt (25 11 b), haben diese jedoch überhaupt keine Beziehung. Vielmehr werden dadurch die Jakobiten und die »Ostleute« auf einen gemeinsamen Vater zurückgeführt. Die Analogie Isaak-Ismael, die besagt, daß die beiden »Väter« einmal eine örtliche Nachbarschaft in Beer Lachaj Roi hatten (Isaak 25 11 b 24 62; vgl. 20 1 a; Ismael 16 13 f.), zeigt, daß auch bei Jakobiten und Ostleuten ursprünglich eine örtliche Nachbarschaft voraus-

b) Die Verwandtschaft mit den »Ostleuten« wird in der Überlieferung vom Erwerb der Frauen vorausgesetzt[182].

c) Ebenso ist sie Voraussetzung für die Überlieferung von einer plötzlich notwendig gewordenen Flucht Jakobs aus dem Kulturland mit längerem Aufenthalt bei seinen Verwandten als Viehhirte, aus deren Gemeinschaft er mit reichem Lohn zurückkehrt[183].

d) Die Jakobgruppe hatte selbst ihren Wanderbereich im Kulturland, und zwar zwischen dem Land Gilead und ihrem kultischen Zentrum in Bethel (und Sichem), wobei es zu allmählichen Ablagerungen einzelner Sippen im Bereich dieser Heiligtümer kam[184].

---

zusetzen ist. Zur gleichen Überlieferung gehört auch die Nachricht, daß Laban Jakob nach 7 Tagen beim Berg Gilead einholt, was wohl zum Land Kedem, nicht aber zu Wohnsitzen bei Haran paßt, vgl. DILLMANN, Genesis, zu 31 23; E. MEYER a. a. O. S. 237. In Wirklichkeit wird Laban also im Land Kedem angesetzt, wenn man auch zu erzählen weiß, daß er aus Haran kommt (29 4). 31 1-21 a gehört dagegen zur Israeltradition. Dtn 26 5 aα scheint dann letztlich an die Jakobtradition anzuknüpfen, wenn sie den Vater als אֲרַמִּי אֹבֵד schildert, der sich stärker dem Kulturland nähert. Die aramäische Herkunft Jakobs ist in diesem Fall gar nicht schwierig, während sie immer wieder auf Schwierigkeiten stößt, wenn man sie aus Mesopotamien herleiten will, vgl. KUPPER a. a. O. S. 107ff.: Erst am Anfang des 13. Jahrhunderts haben die Aramäer Mesopotamien erreicht und an seinem Ende es weithin besetzt. Aber gerade die Gegend von Haran ist anscheinend nicht sehr früh von ihnen besiedelt worden. Vgl. jedoch NOTH, Die Ursprünge des alte Israel im Lichte neuer Quellen, S. 31 f., der allerdings letztlich für die aus Mesopotamien stammenden israelitischen Elemente die Bezeichnung »Proto-Aramäer« vorschlägt (S. 32).

[181] Die Herkunft israelitischer Elemente aus Mesopotamien ist inzwischen durch die Maribriefe in den Bereich historischer Wahrscheinlichkeit gerückt, und zwar speziell ihre Herkunft aus dem Gebiet von Haran, vgl. NOTH a. a. O. S. 32. Die Vereinigung der Israel- und der Jakobtradition wird auch an diesem Punkt keine großen Schwierigkeiten gehabt haben, da sich unschwer vorstellen läßt, daß man Verwandte der Nomaden aus dem Lande Kedem im Gebiet von Haran gesucht haben wird. Vor allem aber konnte die Jakobtradition die Lücke füllen, die in der Israeltradition zwischen der Abwanderung aus Mesopotamien und dem Einzug ins Gebiet von Sichem bestand.

[182] Zu dieser Tradition gehört wohl auch die Nachricht, daß Jakob nur einen Monat bei Laban blieb 29 14. Sie wird wohl ursprünglich der Werbung von Gen 24 recht nahe gestanden haben. Gen 24 scheint nur insofern ein fortgeschritteneres Stadium der Überlieferung zu reflektieren, als Abrahams Knecht von vornherein nach Aram Naharaim (24 11) zieht, vgl. dagegen 29 1. 4.

[183] Vgl. 30 25 b. 28. 32-35 a und die Analogie der Safatener bei EISSFELDT a. a. O. — Die Wurzel dieser Tradition wie der der Werbung um die Frauen könnte darin liegen, daß solche Fälle vereinzelt vorgekommen sind.

[184] Dabei wird man vor allem an das Heiligtum von Bethel zu denken haben, vgl. 28 13 b und o. A. 173.

e) Ein großer Teil blieb jedoch zunächst in nomadischer Existenz, kam aber durch die Anlagerung der Aramäer jenseits der durch den Berg Gilead markierten Grenze[185] zu allmählicher Ansiedlung im Land Gilead.

f) Aus dem Milieu der Wanderhirten stammen die Motive von gegenseitigen Überlistungen, die dazu dienten, die großen Traditionsblöcke miteinander zu verbinden[186].

§ 8. Der Gott des Vaters und der Gott der Väter

Zum Schluß dieses Abschnittes muß noch kurz auf das Problem eingegangen werden, das durch die Überlieferung vom Gott der Väter aufgegeben wird. Nach A. Alts ursprünglicher These[187] sind die Verbindungen »Gott Abrahams«, »Gott Isaaks« bzw. פחד יצחק und »Gott Jakobs« bzw. אביר יעקב als wirkliche Gottesnamen anzusehen, die den Namen des Kultstifters angaben und diesen so der Nachwelt überlieferten, daß sie für sie als Namen ihrer Väter verbindlich blieben. Diese These ist mehrfach[188] bestritten worden. Vor allem ist eingewandt worden[189], daß die alten Quellen in auffälliger Weise vom אלהי אבי, אביך", "אביהו", und nicht vom אלהי אבות[190] sprechen. Diese Formeln aber haben in altassyrischen Texten Parallelen: il abīja, il abīka, il abīni, vgl. il ebaruttim (Gott der Verwandtschaft, Genossenschaft)[191]. Die Belege sind seit dem grund-

---

[185] 31 44b. 46-48. 51-53a und dazu Noth, ZDPV 75, S. 41ff.

[186] Sie begegnen vor allem an zwei Stellen: a) in Gen 27 zur Motivierung eines längeren Aufenthaltes bei Laban, der zu reichem Viehbesitz führen sollte, vgl. 32 4-22 33 1-16; b) in Gen 31 und von da aus rückwirkend in 29 23ff. 30 37ff. zur Motivierung der Flucht aus Labans Haus.

[187] Der Gott der Väter (1929), in: Kl. Schriften I, S. 1ff.

[188] Im Folgenden beschränke ich mich auf die Auseinandersetzung mit einer bestimmten Forschungsrichtung. Unter den Gegnern Alts kann nicht unerwähnt bleiben J. Hoftijzer, Die Verheißungen an die drei Erzväter (1956). M. E. scheitert diese Untersuchung vor allem an der zu späten Datierung des alten Überlieferungsmaterials der Genesis, soweit es die Verheißungen betrifft. Ausführlich habe ich das oben für 28 13b dargelegt, also für die Landverheißung. Für die Nachkommenverheißung s. u. Teil II, 2. Abschn. § 2.

[189] Zuerst von J. Lewy, Les textes paléo-assyriennes et l'Ancien Testament, RHPR 110 (1934) S. 50ff.; dann H. G. May, The God of my Father — A Study of Patriarchal Religion, JBR 9 (1941) S. 155—158. 199f.; ähnlich wie May V. Maag, Der Hirte Israels, Schw. Theol. Umschau 28 (1958) S. 6f.; und K. T. Anderson, Der Gott meines Vaters, Stud. Theol. 16 (1963) S. 170ff.

[190] Den Nachweis hat vor allem May a. a. O. geführt.

[191] So Lewy a. a. O. S. 50—53.

legenden Aufsatz von LEWY vermehrt worden[192]. So heißt es z. B.:
Aššur ili abīka[193] *uṣalla ū littula kīma aḫūtim aše'uka*: Ich bete zu
Assur, dem Gott deines Vaters, daß er sehen möge, wie sehr ich dich
zu einer brüderlichen Haltung bringen möchte; *lipit qāti ana silim*
ᶠPN *ili abīša*: Handerhebung für das Wohlergehen der PN vor dem
Gott ihres Vaters; DINGIR *abīja* als Briefadresse; ᵈUTU EN DIN-
GIR *abīja* in einem Brief aus Qatna. Einige Belege sprechen von den
Göttern im Plural: *1* GAL *ḫurāṣi ša* DINGIR. MEŠ *ša abi*: 1 goldener
Becher, den Göttern des Vaters gehörend; »Ich deportierte DINGIR.
MEŠ *bīt abīsu šāšu* . . .: seine Familiengötter, ihn selbst (scil.: den
König von Askalon) . . .«. Dazu kommt noch ein Beleg aus Mari:
aššum ilim ša abīja »durch den Gott[194] meines Vaters«.

Vergleicht man damit die einschlägige alte Pentateuch-Tradition,
so bilden über die Hälfte der Stellen Parallelen zu jenen Formeln:
אלהי אבי Gen 31 5 Ex 15 2 18 4; אלהי אביך Gen 50 17; אל אביך 49 25 und
אלהי אביכם Gen 31 29 43 23. Dazu kommen sicher noch Ex 3 6, wo die
ausführliche Formel »Der Gott Abrahams, der Gott Isaaks und der
Gott Jakobs« offenbar nachklappt, und der ähnlich gelagerte Fall
Gen 31 42, wo »der Gott Abrahams und der Pachad Isaaks« nachklappt. Es bleiben an eigentlichen Belegen:

26 24 Ich bin der Gott Abrahams, deines Vaters,
28 13 Ich bin der Gott Abrahams und der Gott Isaaks,
31 53a Der Gott Abrahams und der Gott Nahors,
31 53b   der Pachad seines Vaters Isaak,
32 10 der Gott deines Vaters Abraham und
                           der Gott deines Vaters Isaak,
33 20 El Gott Israels,
46 1   der Gott seines Vaters Isaak,
49 25 der Starke Jakobs[195].

---

[192] Vollständigkeit kann ich nicht erzielen. Meine Quelle ist, soweit nichts anderes
angegeben wird, The Assyrian Dictionary Bd. 7 (1960) zu »*il abī*«.

[193] Die Belege, die LEWY angeführt hatte, galten alle dem Gott Ilabrat, der nach
LEWY a. a. O. S. 52 Anm. als Bote des Gottes Anum auftritt, also von unter-
geordneter Bedeutung ist. Hier aber wird Assur selbst als »Gott deines Vaters«
bezeichnet.

[194] Oder: ». . . durch den Namen des Gottes meines Vaters«, vgl. J. PH. HYATT, VT 5
(1955) S. 131, der den Beleg in ARM V (1951) Text 20, 16 fand.

[195] Die Stellen Ex 3 15f. 4 5 können außer Betracht bleiben. Denn einmal wird die
Formel »der Gott eurer Väter« verwandt, die vor Dtr. nur hier vorkommt (vgl.
MAY a. a. O.). Sodann überfüllt der Vätergott-Titel 3 15a, der im übrigen zu 14b
parallel ist; in 16 kommt der Titel »der Gott Ab., Is. und Jak.« zu spät, und 4 5
ist Zusatz, vgl. NOTH, Ex. ATD zu Ex 4 5.

Von diesen Belegen entfällt sogleich der letzte (49 25), da er wahrscheinlich ein Epitheton und nicht einen Namen darstellt[196]. Dann kommt die Verbindung »Gott Jakobs« überhaupt nur in den zusammenfassenden Formeln »Gott Abrahams, Gott Isaaks und Gott Jakobs« vor (Ex 3 6. 15) und ist daher in seiner Sonderexistenz höchst problematisch[197]. Die Stellen Gen 31 5. 29 43 23 50 17 aus der Jakob-Tradition bleiben denn auch ganz im Rahmen dessen, was man von einem Familiengott erwarten kann, und dazu kommt sicher noch 32 10, obwohl hier der Formel אלהי אבי noch die Namen Abraham und Isaak beigegeben sind[198]. Die Existenz eines »Gottes des Jakob« läßt sich daher wohl kaum beweisen.

Der »Gott Isaaks« wird zum ersten Mal 28 13 erwähnt; aber nach der ausführlichen Selbstvorstellung: »Ich bin der Gott Abrahams, deines Vaters« erweckt die Fortsetzung »und der Gott Isaaks« den Eindruck, nur der Vollständigkeit halber nachträglich hinzugefügt zu sein[199]. Es bleiben die drei Stellen »der Pachad seines Vaters Isaak« (31 53 b), »der Gott deines Vaters Isaak« (32 10) und »der Gott seines Vaters Isaak« (46 1) gegenüber der einen, in einem Nachtrag auftretenden Stelle »der Pachad Isaaks« (31 42). M. E. wird es nun recht schwierig zu erklären, wie es zu der Form »Pachad seines Vaters Isaak« kommen konnte, wenn »Pachad Isaaks« ein echter Gottesname war. Denn eine solche Aufweichung der ursprünglichen Form wirkt unglaubwürdig, während der umgekehrte Vorgang, daß nämlich die Verbindung »Pachad Isaaks« aus der Form »Pachad seines Vaters, nämlich Isaaks« entstanden ist, sich ohne weiteres verstehen läßt[200]. Daher scheint mir auch die Verbindung »Gott Isaaks« als Gottesname nicht wirklich gesichert.

Anders scheinen die Dinge beim »Gott Abrahams« zu liegen. Hier heißt es bis auf eine Ausnahme[201] stets »der Gott Abrahams«. Aber die Formen »der Gott Abrahams, deines Vaters« (26 24 28 13)[202]

---

[196] So mit O. EISSFELDT, El and Yahweh, JSS 1 (1956) S. 32 A. 3; K. T. ANDERSEN a. a. O. S. 179.

[197] Vgl. ANDERSEN a. a. O. S. 174: »Einen ‚Gott Jakobs' gibt es, wie ALT selbst gesehen hat, überhaupt nicht. Es ist nicht bewiesen, daß die Träger der ältesten Jakobtradition einen ‚Gott Jakobs' verehrt haben.«

[198] So m. R. MAAG a. a. O. S. 7; ANDERSEN a. a. O. S. 175.

[199] Mit ANDERSEN a. a. O. S. 177; gegen ALT a. a. O. S. 16 A. 1, der allerdings nur sagt: ».. . ‚deines Vaters' könnte Zutat sein . . .«.

[200] Auch darin muß man ANDERSEN a. a. O. S. 175 wohl Recht geben.

[201] 32 10, wo die Namen Abraham und Isaak wohl sekundär zugesetzt sind, s. oben.

[202] MAY und, ihm folgend, ANDERSEN a. a. O. S. 175f. vergleichen dazu die späteren Formeln »Gott Davids, deines Vaters« usw.: In der Königszeit sei Jahwe auf diese Weise benannt worden und in der Väterzeit entsprechend »Gott Abrahams, deines Vaters«. Die erste Formel geht jedoch darauf zurück, daß Jahwe sich zum Gott der davidischen Dynastie erklärt hatte. Die Übereinstimmung mit der Formel der

zeigen den Übergang an, und mindestens soviel wird man sagen können, daß der einzige, absolut stehende Beleg 31 53 a[203] »der Gott Abrahams und der Gott Nahors« sich leicht aus den Titeln »Gott deines Vaters und Gott meines Vaters« erklären lassen[204].

ALT hat jedoch gegen den Vergleich mit den altassyrischen Formeln eingewandt[205], daß der Beweis dafür noch nicht erbracht worden sei, daß es sich bei den genannten Vätergöttern um wirkliche Sondergötter einzelner Menschen gehandelt habe und daß sich Sonderkulte entwickelt hätten, die über die Generation der zunächst betroffenen Menschen hinaus fortlebten und u. U. größere Verehrerkreise anzuziehen vermochten. Es sei auch kaum zu erwarten, daß ein solcher Beweis je erbracht werden könne, da den Formeln anscheinend die Vorstellung zugrunde liege, daß jeder Mensch »seinen« Gott habe, und von einem Sonderkult für den jeweiligen Vatergott könnten sie naturgemäß nicht reden.

Dies sind schwerwiegende Einwände, die nicht so ohne weiteres beiseite geschoben werden können[206]. Aber gerade die israelitische Überlieferung ermöglicht es, sie zu entkräften; denn die jeweiligen Vatergötter begegnen ohne Ausnahme an bedeutenden palästinischen Heiligtümern. Den Vatergott der Abrahamsippe (26 24) trifft man am Heiligtum von Beerseba, wo Abraham einen Wahrbaum gepflanzt und den Namen *El Olam* angerufen hatte[207]. Der Vatergott der Isaaksippe begegnet ebenfalls in Beerseba[208]. In diesem Fall wird die Identität des El mit dem Vatergott sogar ausdrücklich festgehalten: »Ich bin der El, der Gott deines Vaters« (46 3). Den Gott der Jakobsippe findet man am Heiligtum von Bethel, und die Identität des El Bethel mit dem Gott des Vaters wird durch 31 5 b. 13 zum Ausdruck gebracht. Der Gott Israels schließlich ist eins mit dem El von Sichem.

Väterzeit besteht also darin, daß Jahwe Gott der davidischen Nachkommenschaft ist; aber dies hat zugleich eine politische Komponente, die die beiden Formeln trennt.

[203] 31 42 steht die Bezeichnung »Gott Abrahams« nur in einem Nachtrag und kann daher erst in zweiter Linie berücksichtigt werden.

[204] Vgl. ANDERSEN a. a. O. S. 178. Den weitergehenden Ausführungen ANDERSENS dazu kann ich nicht zustimmen.

[205] Zum »Gott der Väter«, PJB 36 (1940) S. 103 und A. 3.

[206] MAY, MAAG und ANDERSEN haben sich nicht mit ihnen auseinandergesetzt.

[207] Gen 21 33. Das Problem des Auftretens des Jahwenamens vor dem Gottesnamen El Olam kann hier beiseite gelassen werden. — Auffällig ist, daß Abraham und Isaak am gleichen Heiligtum haften. Das zeigt, wie eng die Überlieferungen dieser beiden Väter zusammengehören.

[208] Und nicht mehr in Beer Lachaj Roi, also weit abseits vom Land, wo Isaak einmal einen Haftpunkt gehabt haben muß (25 11 b 24 62). Aber Einfluß gewann »der Gott Isaaks« eben nur von Beerseba aus.

Überall ist der Vatergott also identisch mit dem Hochgott El[209] an einem der großen Heiligtümer Sichem, Bethel und Beerseba[210]. Der Umstand aber, daß die Väter an diesen berühmten Heiligtümern hafteten, wird dem jeweiligen Vatergott einen ständig wachsenden Einfluß gesichert haben[211].

Die Identität eines Vatergottes mit dem El eines berühmten Heiligtums schloß aber nicht aus, daß man den alten Titel אלהי אבי weiterverwandte. Der Gott des Vaters hat seinen Haftpunkt an dem entsprechenden Heiligtum, bleibt aber trotzdem bei der Sippe des Vaters (31 5. 29. 42. 53 32 10 43 23 50 17), und dieser Umstand hat sogar dazu geführt, daß der El die Züge des Vatergottes annahm[212]. Das zeigt sich einerseits in der Formel אל אביך (49 25) und andererseits in der Führung Jakobs durch den El von Bethel (31 13).

Zusammengefaßt ergibt sich also: Die Vätergötter der Genesis waren ursprünglich namenlose Sippengötter mit der Bezeichnung אלהי אבי usw., die je der Abraham-, Isaak-, Jakob- und Israelsippe zugeordnet waren. Durch die Verknüpfung der Erzväter miteinander entstanden die Verbindungen Gott Abrahams, Gott Isaaks usw. Ihre Bedeutung erhielten sie dadurch, daß sie von den je zugeordneten Sippen einst mit dem El der Heiligtümer Sichem, Bethel und Beerseba identifiziert worden waren. Der alte Titel blieb so weiter verwendbar, und dem Wesen des Gottes El vermittelten sie ein Stück ihres eigenen Wesens.

Es bleiben nur noch die Stellen Ex 3 6 15 2 18 4. Für sie hat ANDERSEN[213] ein neues Verständnis vorgeschlagen. In der Berufungssage des Mose ist der Jahwe-Name ebenso sekundär hinzugefügt worden wie etwa in Gen 32 10 oder in der Bethelsage Gen 28 10 ff. Das zeigt die eigentümliche Formulierung der Frage Ex 3 13. Fragte man in späterer Zeit, wer Israel aus Ägypten geführt hatte, so war es undenkbar, daß die Antwort nicht hieß: Jahwe. — Dem korrespondiert nun die Namenerklärung des Mose-Sohnes Elieser Ex 18 4. Dort heißt es: אלהי אבי בעזרי. Das Element אלהי אבי steht hier für den Gottes-

---

[209] Vgl. O. EISSFELDT, El im ugaritischen Pantheon (1950); M. H. POPE, El in the Ugaritic Texts, SVT 2 (1955). — Eine Sachparallele ist: *Aššur ili abika . . .*, s. o. S. 50.

[210] Abraham ist später noch mit den Heiligtümern von Mamre-Hebron (13 18) und von (Jeru-)Salem (14 18-20) verbunden worden, vgl. NOTH, Üb. des Pent. S. 123 ff. gegen ALT, Kl. Schr. I, S. 54 f.

[211] Man beachte, daß Sichem und Beerseba an bedeutenden Verkehrsknotenpunkten lagen.

[212] Vgl. vor allem EISSFELDT, JSS 1 (1956) S. 35 f. — Darin besteht auch das relative Recht der Priesterschrift in ihrem Gebrauch des Namens El Schaddai für die Väterzeit.

[213] A. a. O. S. 185 ff.

namen El, so daß man offenbar zwischen ihnen keinen Unterschied
empfunden hat. 18 4 fährt fort: »Denn er hat mich vom Schwert des
Pharao gerettet.« Dies ist nicht bloß ein Bekenntnis des Mose, sondern
derjenigen Gruppe, die in vorjahwistischer Zeit ihre Dankbarkeit für
die Befreiung aus Ägypten zum Ausdruck brachte. Der rettende Gott
aber war »der Gott meines Vaters«. Dabei wird in diesem Spruch
dasselbe Wort für »retten« (נצל) benutzt wie im umgebenden Text,
der die Herausführung Jahwe zuschreibt. Soweit ANDERSEN!

Möchte man zunächst, gegen ANDERSEN, daran denken, daß die
Erklärung 18 4 einfach die kleine Episode Ex 2 11-15 meint, so spricht
dagegen 15 2, wo neben Jahwe und El ausdrücklich »der Gott meines
Vaters« als Retter beim Meerwunder erwähnt wird[214]. Ferner kann
man nicht die Entsprechung von Anfang und Ende übersehen, die
zwischen Ex 3 und Ex 18 besteht. Die Berufung des Mose ereignet
sich nach der einen Variante (3 1 E)[215] am Gottesberg, und das Bekenntnis 18 4 wird am Gottesberg (18 5) gesprochen. Der Gottesdienst
an »diesem Berg« wird angekündigt (3 12 b)[216] und geschieht *nach* der
Rettung unter der Anleitung Jethros (18 12), und schließlich wird das
Handeln des Vatergottes nur bei der Rettung aus Ägypten und am
Midianiterberg[217] erwähnt, sonst aber nicht.

Eine Erklärung dieser Überlieferung ist im Wesentlichen wohl
auf zwei Wegen möglich: a) An allen drei Stellen ist die Erwähnung
des Vatergottes eine Zufügung. Am wichtigsten Ereignis der Wüstenzeit, der Rettung aus Ägypten, soll Israel demonstriert werden, daß
der Gott seines Vaters Israel auch den Mose beim Auszug geführt
hat, daß also Jahwe, der Gott des Auszugs, derselbe ist wie der Gott,
der Israel geführt hat, nur jetzt mit einem neu geoffenbarten Eigennamen versehen. — Dann ist die Verbindung dieses Elements mit dem
Midianiterberg zufällig.

b) Die Vatergott-Überlieferung ist ursprünglich. Das paßt ausgezeichnet zu der nomadischen Gruppe, die den Auszug miterlebt hat,
wie zu ihrem Kontakt mit den nomadischen Midianitern, in deren
Überlieferung man schon immer Züge gefunden hat, die den Sagen der
Genesis nahestehen[218]. Das bedeutet weiterhin, daß der von Jethro

---

[214] ANDERSEN a. a. O. S. 185 übergeht den Beleg Ex 15 2 m. E. zu Unrecht.

[215] Zur Analyse vgl. SEEBASS, Mose und Aaron, Sinai und Gottesberg (1962) S. 5ff.
Eigentliche Sinai-Tradition ist dann in Ex 3f. nur noch 3 13-15 par.; 4 13-17, vgl.
a. a. O. S. 18ff.

[216] Es ist also nicht der Sinai gemeint, gegen SEEBASS a. a. O. S. 126.

[217] Die Verbindung zwischen dem Auszug aus Ägypten und dem Midianiterberg bzw.
den Midianitern ist in der Überlieferung sehr eng, so daß das Auftreten der Vatergott-Tradition in diesen beiden Zusammenhängen nicht überraschen kann.

[218] Vgl. Ex 2 15-22 und Gen 29 1ff.; Mose als Kleinviehhirte Ex 3 1 legt als solcher
weite Wege zurück, vgl. besonders die Jakob-Sagen Gen. 30 25—33 16; die Be-

vollzogene Kult ursprünglich nicht Jahwe, sondern dem Gott des
Vaters galt. Da in Ex 18 4 der Titel אלהי אבי das Element אל in dem
Namen Elieser vertritt, könnte dieser für »Mose« und Jethro gemeinsam den Namen El gehabt haben[219], was wiederum in große Nähe
zu den Sagen der Genesis führt[220]. So erst rückt die Prophetie der
Mirjam (15 20 f.) in ihr volles Licht: Die den Auszug erlebende Gruppe,
die man sich nicht unbedingt als stammesmäßig einheitlich vorstellen
muß, kannte nur z. T. den Gott Jahwe[221]. Mirjam aber sah ihn im
Meerwunder handeln[222]. Schließlich würde diese Überlieferung erklären, warum primär der Auszug aus Ägypten in den Credo-For-
mulierungen Israels erscheint und nicht der Sinai: Der Auszug kam
durch die Führung des Vatergottes der betreffenden Gruppe zustande
und war damit wesensmäßig nicht von der Führung des Vaters Israel
aus Mesopotamien verschieden.

Doch müssen die Konsequenzen dieser Überlieferung in einem
eigenen Abschnitt besprochen werden.

---

grüßungsszene Ex 18 5-7 vgl. Gen 24 30 b-33 29 13 f. — Ähnlich O. EISSFELDT, OLZ
58 (1963) Sp. 325 ff.

[219] Vgl. auch den Parallelismus in Ex 15 2 b: אלי‖אבי אלהי. — Damit gebe ich meine Annahme a. a. O. S. 85 ff. auf, daß der ursprüngliche Gottesname des Gottesberges
Elohim gelautet haben müsse. Zumindest der Satz מכל האלהים אלהים גדול klingt
nicht recht glaubwürdig.

[220] Vgl. den in der südlichen Wüste (zwischen Kades und Bered) bezeugten Gottesnamen El Roi von Beer Lachaj Roi, Gen 16 13 f.

[221] Die Überlieferung erwähnt beim Auszug auch den Gott der Hebräer (Ex 5 3; vgl.
3 18), was wohl ebenfalls darauf deutet, daß das Volk Jahwe noch nicht in dem
Maße kennt wie nach dem Meerwunder. Fast noch wichtiger ist in diesem Zusammenhang die sicher sehr alte Notiz Ex 3 12, nach der das Volk durch den Exodus
dazu kommen soll, den Gott des Gottesberges als seinen Gott zu erkennen und ihm
an der Stätte seiner Offenbarung den Gottesdienst zu erweisen. Dem entspricht
weiter, daß nach einer alten Notiz (15 20 f.) Mirjam und nicht Mose das Meerwunder
als eine Tat Jahwes erkennt, s. die nächste Anm. Mirjam dürfte daher den Anteil
der Flüchtlinge vertreten, der Jahwe schon vor dem Meerwunder kannte. Das
verleiht der Num 12 zugrunde liegenden Überlieferung Wahrscheinlichkeit, nach der
es in der Wüstenzeit zwischen Mose und Mirjam einen Streit um die kultische Vorrangstellung gegeben hat, der zu Moses Gunsten entschieden wurde. Die besondere
Bedeutung Mirjams für die Wüstenzeit geht ja auch daraus hervor, daß ihre
Grabstätte bei Kades eigens erwähnt wird (Num 20 1).

[222] Vgl. Seebass a. a. O. S. 131 ff.

Teil II. Jahwe und der Gott des Vaters

1. ABSCHNITT. DIE JAHWE-VEREHRUNG DER WÜSTENZEIT

§ 1. Die Quellen. Abgrenzung und Übersicht

Der Bereich, in dem man die Quellen für die Darstellung der Wüstenzeit zu suchen hat, wird durch den Anfang des Buches Exodus einerseits und durch den Beginn der Landnahme-Erzählungen andererseits (Num 20 14 ff.)[1] abgesteckt. Eine weitere Beschränkung ergibt sich dadurch, daß nur die erzählende Überlieferung herangezogen werden soll, da die Traditionsgeschichte der Gesetzesmaterialien ein Problem für sich bildet. Innerhalb dieses Bestandes soll im wesentlichen[2] nur die vorpriesterschriftliche und vordeuteronomistische Tradition[3] ausgewertet werden, da sie am ehesten die Gewähr bietet, Überlieferungen aus alter Zeit zu bewahren[4]. In der Analyse dieser Tradition folge ich der Theorie, die in ihr zwei Quellen vertreten sieht, den Jahwisten

---

[1] Vgl. dazu NOTH, Üb. des Pent. S. 76 ff. 80 ff. 133 f. 225 f. und Israelitische Stämme zwischen Ammon und Moab, ZW 60 (1944) S. 11 ff. Scheinbar lenkt die Erzählung von der ehernen Schlange (Num 21 4-9) zur Wüstenzeit zurück. Aber bei ihr wird es sich wohl um einen Pentateuch-Nachtrag zugunsten der im Jerusalemer Heiligtum aufgestellten Nechustan handeln, vgl. NOTH, Üb. des Pent. S. 133 f.

[2] Ausnahmen bilden die Fälle, in denen die Dtr.- und P-Varianten zur Rekonstruktion der z. T. verloren gegangenen älteren Erzählungen verwandt werden müssen, so z. B. in Ex 32—34 Num 13 f. 16 f. und 20 1-13.

[3] Die P-Tradition wird, soweit man der Quellenkritik überhaupt Berechtigung zuspricht, ziemlich übereinstimmend ausgeschieden. Vgl. RGG 3. Aufl. Bd. V ad vocem »Priesterschrift«. Daher kann man sie als ein relativ festes, wenn auch hypothetisches Datum behandeln. Bei Dtr. sind die Kriterien zwar ebenso deutlich; aber in der Analyse der Bücher Gen-Num sind die Unterschiede zwischen den Forschern größer, so daß die im Text genannte Forderung mehr ein methodisches Prinzip als eine wie P relativ feststehende Größe beschreibt.

[4] Die Ausscheidung von J und E ist noch weit entfernt von einem Consensus, der vor allem daran scheitern muß, daß man sich über die wirklich brauchbaren Kriterien nicht einigen kann. Die von mir verwandten Kriterien habe ich in meiner Dissertation »Mose und Aaron, Sinai und Gottesberg« (1962) S. 1 f. beschrieben. Einschränkend müßte man höchstens hinzufügen: 1. Wo Elohim nicht absolut und nicht als Name für Israels Gott auftritt, braucht nicht unbedingt E vorzuliegen. 2. Wo der Jahwe-Name in Eigennamen (z. B. Gen 22 14) oder in Liedern und Liedfragmenten (z. B. die Bileam-Sprüche) vorkommt, kann E die Quelle sein. Durch W. RUDOLPH, Der Elohist von Exodus bis Josua (1938) und M. NOTH, Überlieferungsgeschichte des Pentateuch (1948) sind m. E. sprachstatistische und ideologische (z. B.: Der Elohist bevorzugt Träume, der Jahwist ist »so profan«) Argumente überholt. Denn um sie gebrauchen zu können, müßte man beide Quellen viel besser kennen, als das tatsächlich der Fall ist.

und den Elohisten[5]. Es versteht sich von selbst, daß vorzugsweise die Überlieferungen als alt angesehen werden, die von beiden Quellen wiedergegeben werden[6]. Dementsprechend entfallen an größeren Traditionsblöcken die Erzählungen von den ägyptischen Plagen (Ex 6 2—13 16)[7] und die von der Wüstenwanderung nach dem Verlassen des Sinai (Num 10 29—20 13)[8]. Wie mir scheint[9], enthielt die so abgegrenzte alte Wüstenüberlieferung im wesentlichen[10] vier Traditionskomplexe:

[5] Gegen die Annahme einer dritten Quelle neben J und E im vorpriesterschriftlichen Bestand, wie sie vor allem von O. EISSFELDT, Einleitung in das AT (³1964) S. 241ff. 258ff. und Anderen vertreten wird. Daß die Annahme nur zweier Quellen den alten Bestand ausreichend erklärt, können natürlich nur die Analysen selbst zeigen. Dagegen aber, daß eine dritte Quelle sich vor allem aus einer Differenzierung des Materials der Quelle J ergeben und ihr Bestand die älteste Gestalt der Pentateuch-Überlieferung repräsentieren soll, spricht m. E. mit Entschiedenheit, daß der Elohist fast immer in der Anordnung der einzelnen Traditionen und recht häufig in der Darbietung der Einzelüberlieferung die ältere Tradition vertritt.

[6] Ich stimme NOTHS Annahme a. a. O. S. 25ff. zwar zu, daß J die literarische Grundlage für die Vereinigung von J und E abgegeben hat, in die E je eingefügt wurde; aber es ist m. E. nicht sehr wahrscheinlich, daß E hauptsächlich dann erhalten blieb, wenn er Sondergut hatte. Vielmehr wurde seine Darstellung eingefügt, wenn sie von der des Jahwisten abwich. Das aber ist sehr oft der Fall, selbst wenn die zugrunde liegende Überlieferung auf einen gemeinsamen Ursprung zurückgeht. Zur methodischen Sicherheit der oben genannten Ausgangsbasis läßt sich immerhin soviel sagen, daß Doppelfädigkeit einer Erzählung sich im allgemeinen sicherer bestimmen läßt als ihre jeweilige Aufteilung in J und E.

[7] Mit NOTH a. a. O. S. 14. 18. 32, sind sie wohl nur von J und P bezeugt. Vgl. dazu schon E. MEYER, Israeliten S. 25f. Unverändert wichtig sind auch MEYERS Bemerkungen a. a. O. S. 31f. zur Traditionsgeschichte. Zur Interpretation der Plagenerzählungen vgl. jetzt H. EISING, Die ägyptischen Plagen, in: Lex Tua Veritas (Festschr. H. JUNKER) 1961, S. 75ff.

[8] Näheres s. u. — Daß man in einen ganz anderen Bereich der Überlieferung eintritt, beweist schon die Tatsache, daß sie in Num 10 29—20 13 viel stärker überarbeitet worden ist als im Buch Exodus, vgl. NOTH, Num 21 als Glied der »Hexateuch«-Erzählung, ZAW 58 (1940/1) S. 161ff. Zum gleichen Traditionskreis gehört Ex 16, vgl. Num 11 4 ff.

[9] Der folgenden Darstellung liegt meine oben angegebene Dissertation zugrunde. Abweichungen von ihr sind je notiert.

[10] Dieser Einordnung entzieht sich nur Ex 17 8 ff. Einen neuen Vorstoß, die Erzählung zu interpretieren, unternahm R. GRADWOHL, Zum Verständnis von Ex 17 15 f., VT 12 (1962) S. 491ff. Mit einer großen Zahl von Exegeten konjiziert er in 16 כסיה zu נס יה (S. 492 und A. 6) und übersetzt: »(Votiv-)Hand auf dem Feldzeichen: Krieg hat Jahwe mit Amalek von Generation zu Generation.« Zu solchen Votiv-Zeichen vgl. GRESSMANN, Mose S. 159. — Damit gewinnt GRADWOHL eine wirkliche Beziehung zwischen der Erzählung 8-13 und den Sprüchen 15 f.: Die in der Schlacht erhobene Hand des Mose (11) verkörpert die Gotteshand, die nach dem Sieg als Votiv-Hand nachgebildet auf dem נס יה befestigt wird und ein gegen Amalek gerichtetes Feldzeichen darstellt. Allerdings kann GRADWOHL den Altar und seinen Namen (15) nicht recht erklären: Er sei der Ort, an dem das Feldzeichen aufbewahrt werde o. ä. (S. 494). Ebensowenig läßt sich auf diese Weise der merkwürdige v. 12

a) Die Midianiter-Überlieferung 2 15—4 20 18 1-12 18 13 ff. Num 11 10 ff. Ex 24 (1 a). 9-11. — b) Der Auszug 1 8—2 15 4 27[11]—6 1 13 17—15 21. — c) Die Aaron-Überlieferung 4 13-17. 20 b. 27 (15 22-26)[12] 17 1-7 und Num 20 1-13 Ex 20 19-21 (19 20 b-25); 24 12-15 a. 18 b und 32—34. — d) Die ursprüngliche Sinaitradition 3 13-15[13] 19 3-20 a 20 1. 22. — In aller Kürze lassen sich diese Gruppierungen wie folgt begründen:

1. Am leichtesten läßt sich die Midianiter-Überlieferung als einheitliche Gruppe erkennen. Bei 2 15-23 aα 3 1 4 18-20 18 1-12[14] liegt das auf der Hand. Ebenso wird die Beziehung von 18 13 ff. zu 18 1-12 nirgends bestritten. Ein minutiöser Vergleich von Ex 18 13 ff. und Num 11 10-12[15]. 14-17. 24 b-30 J ergibt, daß beide eine noch deutlich aufweisbare Grundlage abwandeln[16]. Diese erzählte von einer Entlastung des Mose durch

---

erklären: Warum setzt Mose sich auf einen Stein, warum stützen Aaron und Hur Moses Arme ? Hat das nichts mit den folgenden Sprüchen zu tun ? Nimmt man aber 12 und 15 zusammen, so ist die Erklärung ganz einfach: Nach 12 verkörpert Mose insgesamt in seiner thronenden Stellung den Gott und nicht bloß wie in 11 seine Hand die Hand Gottes. Der Gott ist hier also selbst das Feldzeichen, und dementsprechend erhält der Altar seinen Namen (15). Auch dazu bietet GRESSMANN a. a. O. Parallelen an. Der Stein (12) ist dann nicht der Altar selbst, sondern gehört zum Inventar des hl. Bezirks, wohl als Postament für die darauf thronende Gottesfigur, deren Arme zum Segnen erhoben zu denken sind. Zu beiden Varianten paßt vorzüglich der Gottesstab. Er hat nichts mit dem Feldzeichen (נס) zu tun, sondern er verleiht Mose die Vollmacht, an die Stelle Gottes zu treten, vgl. dazu SEEBASS a. a. O. S. 28f. Eine Quellenscheidung empfiehlt sich in diesem geschlossenen Stück nicht. Die Unstimmigkeiten erklären sich vielmehr daher, daß zwei verschiedene sakrale Gegenstände (15 und 16) erklärt werden. Da der Jahwe-Name nur in den Sprüchen vorkommt, im erzählenden Text aber der Gottesname Elohim (9), wird die Erzählung zu E gehören. 14 dürfte dagegen aus Dtr. entlehnt sein, vgl. RUDOLPH a. a. O. z. St. (Dtn 25 18). Diese Sondergut-Erzählung ist wohl deshalb vor Ex 18 eingefügt worden, weil auch sonst im AT Midianiter und Amalekiter zusammen genannt werden können, vgl. Jdc 6 3. 33 7 12 (10 12 cj.). Als Sondergut scheidet es aus der weiteren Untersuchung aus.

[11] 4 21-23 ist ein späterer Zusatz, vgl. SEEBASS a. a. O. S. 12; 4 24-26 ist J-Sondergut, zu seiner Deutung vgl. vor allem H. KOSMALA, The »Bloody Husband«, VT 12 (1962) S. 14ff.

[12] Diese Erzählung ist nur bei J überliefert, gehört aber vielleicht trotzdem zum alten Bestand, vgl. SEEBASS a. a. O. S. 75ff.

[13] Und ihre Parallele 33 13 aβ.γ. 19 aβ. b.

[14] Daß Ex 18 traditionsgeschichtlich nichts mit dem Thema »Offenbarung am Sinai« zu tun hat, hat schon WELLHAUSEN, Prolegomena, 5. Aufl. S. 341f. begründet. Daß man in ihm eine eigene Traditionsgruppe erkennen muß, hat m. W. erst NOTH a. a. O. S. 150ff. gezeigt.

[15] Die Spitze von 10-12 richtet sich dagegen, daß Jahwe Mose etwas auflädt, was nur Jahwe selbst tragen kann, so mit RUDOLPH a. a. O. S. 65. Dies Motiv gehört daher zur Wachtelsage. Gleichwohl sind schon in dies Stück Motive der Ältestenvariante eingefügt, vgl. 10 b und Ex 18 17 11 b und 14 mit Ex 18 17f., gegen RUDOLPH a. a. O.

[16] Vgl. SEEBASS a. a. O. S. 92ff. Zum Grundbestand kommt man, wenn man je das wegläßt, was die Parallele nicht bestätigt, in Ex 18 13 ff. also die Gerichtssituation 13 aβ. 16 aβ. 21 a. 22 a. 26 und wohl auch die Rechtsbelehrung 16 b. 20, in Num 11 die

70 Älteste auf den Rat des midianitischen Priesters hin[17]. Diese Erzählung muß einmal der Vorbereitung von 24 1 a. 9. 11 b gedient haben. Nachdem das Volk der Einladung Gottes (19 13 b) nicht gefolgt (20 19 ff.) war, wurden die als Volksvertreter inzwischen eingesetzten Ältesten[18] zum Gottesmahl geladen. Offenbar besteht eine Korrespondenz zwischen der Belehnung der Ältesten mit mosaischen Funktionen und der stellvertretenden Teilhabe an Gottesmahl[19] und Gottesschau[20]. Diese klingt noch in Num 11 *10 ff. an, insofern die Inspiration der Ältesten wohl eine Abwandlung des Motivs der *visio dei* (Ex 24 10 f.) darstellt[21]. Vor allem aber erweist sich der Zusammenhang von Ex 18 und 24 9-11 an einem Vergleich von 18 12 und 24 9. 11 b: Das Zweite ist nur die feierliche Wiederholung des Ersten mit leicht verändertem Teilnehmerkreis[22]. — Schließlich gehört hierher, wie oben[23] dargelegt, Ex 3 1. 4 bα. 6. 9-11. 12 b par[24].

Verknüpfung mit der Wachtelsage, die Einführung des hl. Zeltes 16 b. 24 b und die Deutung der Entlastung analog der Ekstase der frühen Kultpropheten 25 b. 26-29. — Eine willkommene Bestätigung dieser These finde ich bei R. KNIERIM, Exodus 18 und die Neuordnung der mosaischen Gerichtsbarkeit, ZAW 73 (1961) S. 146 ff. KNIERIM untersucht den Ursprung der Übertragung richterlicher und rechtsbelehrender Funktionen und findet ihn bei der Neuordnung des Königs Josaphat von Juda (vgl. II Chr 19 5-11). In diesem Zusammenhang gehört auch die Umbenennung der Ältesten in ראשׁים in Ex 18 25. — 21 b und 25 b sind noch spätere Zusätze, vgl. KNIERIM a. a. O. S. 155. 167 ff. Wie die meisten Exegeten unterschätzt KNIERIM jedoch den Quellenwert von Num 11 *10 ff. (a. a. O. S. 155 Anm.), vgl. dagegen NOTH a. a. O. S. 34 A. 119 und S. 141 ff.

[17] Welche Funktionen den Ältesten übertragen wurden, ist nicht ganz klar, da die Sagenvarianten an eben diesem Punkt so stark differieren. Klar ist nur, daß es in irgendeiner Form um das Gott-Befragen geht, da hierin Ex 18 15 und Num 11 übereinstimmen. Auch Ex 18 16 aα ist noch der prophetischen Inspiration von Num 11 vergleichbar. Wahrscheinlich soll einfach gesagt werden: Die Verantwortung für die normale religiöse Praxis liegt bei den Sippenoberhäuptern, diese sind einmal unter dem Einfluß des midianitischen Priesters eigens in ihre Verantwortung eingesetzt worden.

[18] So verhält es sich sogar noch nach dem gegenwärtigen Text des Elohisten, vgl. SEEBASS a. a. O. S. 108.

[19] F. NÖTSCHER, Sakrale Mahlzeiten vor Qumran, in: Lex Tua Veritas (Festschrift H. JUNKER) 1961, S. 145 ff. bestreitet a. a. O. S. 167, daß es sich in Ex 24 11 b um ein Mahl gehandelt habe, bei dem Gott selbst der Einladende ist und präsidiert. Das Mahl habe am Fuß des Berges stattgefunden, nicht auf dem Berg. — Dies kann NÖTSCHER jedoch nur gegen den Text behaupten. — Nach NÖTSCHER a. a. O. sind Göttermahle weder in Ägypten noch in sumerisch-akkadischen Texten bekannt.

[20] S. A. 17.

[21] So mit WELLHAUSEN, Comp. des Hex., 2. Aufl. S. 102. Die Inspiration bewirkt die Einsetzung der Ältesten. Ähnlich wird auch ursprünglich die Einladung zum Gottesmahl die Einsetzung der Ältesten (Ex 18) legitimiert haben.

[22] Mose ist nach Jethros Abzug an dessen Stelle getreten, und Nadab und Abihu sind aus unbekannten Gründen hinzugekommen. Aber das macht kaum einen Unterschied.   [23] S. o. S. 53 f.

[24] Der Jahwist hat die Berufungssage so sehr umgestaltet (vgl. SEEBASS a. a. O. S. 7 ff.), daß man sich für ältere Stadien der Tradition am E-Text orientieren muß.

2. Die Midianiter-Überlieferung ist eng verknüpft mit den Erzählungen vom Auszug. Ausgangspunkt dieser Traditionsgruppe ist die Schilderung der Versklavung in Ägypten (1 8. 11. 13 f.). In dieser Notlage wird Mose berufen (3 1—4 20)[25]. Trotzdem verschärft diese sich noch (5 3-19)[26]. In diesem Moment tritt Mose auf und verhilft dem Volk zur Flucht (14 5)[27]. Bei der Verfolgung des Volkes durch ein ägyptisches Streitwagenkontingent kommt es zu dessen Vernichtung durch »das Meer« (13 17—15 21). Dies Ereignis wird in Ex 15 (1 ff.) 20 f. und 18 1-12 gefeiert.

3. Die Aaron-Überlieferung. a) In Ex 4 13-17. 27 wird offenbar das Verhältnis Mose-Aaron sakralrechtlich geordnet[28]. Die schroffe Aussage 4 16 b (Mose soll für Aaron Gott sein) wird b) durch die Erzählung vom Konflikt zwischen Mose und Aaron verständlich (Ex 24 12-15 a. 18 b 31 18 b 32 1-29). Das gleiche Thema wie Ex 32, nämlich Anfeindung (32 1), Legitimation (Gottestafeln 16)[29] und Rechtfertigung durch ein Quellwasser (20) hat auch c) Ex 17 1-7 (Num 20 1-13)[30]. Mose besteht die Bewährungsprobe, während Aaron sich verschuldet. Von Ex 17 1-7 ist 15 22-26 nicht zu trennen.

Bei diesem aber liegt der Einschnitt deutlich vor 3 13-15. 12 a dürfte in irgendeiner Form auf 4 17 hinweisen und gehört daher mit diesem zusammen. Die Berufungssage scheint also aus drei Elementen zusammengesetzt zu sein: a) Der Berufung für den Auszug, s. o. im Text. b) Einem Sinai-Motiv 3 13-15, vgl. 33 19 und dazu SEEBASS a. a. O. S. 13 ff. 18 ff. c) Den Bestimmungen um Aaron 4 13-17, vgl. a. a. O. S. 27 ff.

[25] 1 15—2 15 gehören zur Retterlegende des Mose, wie sie ähnlich bei Sargon von Akkad und bei Jesus erzählt wird. Vgl. vor allem E. MEYER a. a. O. S. 41 ff. 46 ff.

[26] Zur Deutung von Ex 5 vgl. jetzt R. SMEND, Jahwekrieg und Stämmebund (1963) S. 90 ff.: Daß Mose in diesem Kap. nicht auftritt, sondern die Fronvögte und die Aufseher die Partner des Pharao sind, wird an Hand von I Reg 12 so erklärt, daß das Auftreten des Retters bis zu dem Moment verzögert wird, zu dem er wirklich gebraucht wird, also hier, zu dem die Notlage unerträglich geworden ist. Gegen NOTH a. a. O. S. 76 f.; Ex. ATD z. St. Damit entfällt zugleich das stärkste Argument NOTHS (a. a. O. S. 179 f.) gegen die ursprüngliche Verwurzelung des Mose im Thema »Herausführung«. — NOTH a. a. O. S. 76 erklärt ferner Ex 5 als Einleitung zu den späten Plagenerzählungen (dazu a. a. O. S. 70 ff.), da das Motiv des Wüstenfestes überhaupt erst zur Auseinandersetzung mit dem Pharao führt. Aber m. R. weist SMEND a. a. O. S. 92 darauf hin, daß erst die sekundäre Rahmung der Sage mit den Plagenerzählungen verknüpft (4 29-31 5 1 f. *4 (Mose und Aaron). 20—6 1). Es läßt sich m. E. unschwer vorstellen, daß in einem früheren Stadium der Überlieferung die Ältesten den Retter Mose erst trafen, als die Bedrückung härter geworden war, also etwa, wie 5 20 ff. es erzählt. Zur älteren Auszugs-Tradition muß Ex 5 m. E. schon deshalb gehören, weil es der Exposition 1 8. 11. 13 f. nahesteht und nur einige Details hinzufügt. — Unnötig ist die von SMEND a. a. O. S. 92 erwogene Annahme, daß vielleicht die Berufung des Mose ursprünglich nach Ex 5 erzählt worden sei. Zu Ex 4 19. 20 a vgl. SEEBASS a. a. O. S. 12 f. 4 19, das mit der Offenbarung 3 1—4 17 zu konkurrieren scheint, ist als Offenbarungsszene erst von J geschaffen.

[27] Vgl. dazu E. MEYER a. a. O. S. 31 f.; NOTH, Gesch. Israels S. 109.

[28] Einzelheiten bei SEEBASS a. a. O. S. 23 ff.

[29] Vgl. a. a. O. S. 33 ff.

[30] Nach Ex 17 besteht Moses Legitimation im Besitz des Gottestabes, mit dem er an den Felsen tritt. Im übrigen liegen die Parallelen auf der Hand. Sogar darin besteht Übereinstimmung, daß in beiden Fällen Gott auf dem hl. Berg erscheint, vgl.

4. Der Ursprung der Sinai-Überlieferung ist in dem verbliebenen *proprium* zu suchen, also in Ex 19 3-20 a 20 1. 22[31]. Eine erste Zusammenfassung der Sinai-Offenbarung bildet 3 13-15, das seine nächste Parallele in 33 13 aα.β. 19 aβ. b hat[32].

Von dieser Basis aus lassen sich folgende Schlüsse ziehen: 1. Man kann mit Num 10 29—20 13 nicht länger beweisen, daß die Sinai-Perikope erst verhältnismäßig spät in die restliche Wüstenüberlieferung eingefügt worden ist[33]. Denn jene Erzählungen bestehen aus jungem, nur von J bezeugtem Traditionsmaterial. Ihre verhältnismäßig späte Entstehung geht rein äußerlich aus zwei auffälligen Umständen hervor: a) Mit rein quellenkritischen Methoden kommt man bei der Erklärung ihrer Sprünge und Widersprüchlichkeiten nirgends mehr aus. Die Überlieferung ist durchweg verwirrter und d. h. noch nicht so kanonisiert wie die im Buch Exodus[34]. — b) Alle Erzählungen variieren stereotyp das eine Thema »Murren in der Wüste«. Das zeigt eine ganz schematische Bildung der Tradition, die ebenfalls im Buch Exodus nicht anzutreffen ist[35]. — Diese Erzählungen

---

Ex 17 6. — Gegen RUDOLPH a. a. O. z. St.; NOTH a. a. O. S. 32 A. 111; S. LEHMING, Massa und Meriba, ZAW 73 (1961) S. 71 ff. muß ich auf meiner Analyse von Ex 17 1-7 beharren. Denn die Doppelfädigkeit ist durch die kaum wegzuerklärende Dublette 2 a // 3 a gesichert, und die Verwendung des נסה-Motivs in Ex 17 2. 7 läßt sich nicht aus Dtr. ableiten, der es, wenn er nicht zitiert (Dtn 6 16), stets im Sinne »Jahwe prüft das Volk« gebraucht (Dtn 8 2. 16 13 4 33 8 ? Jdc 2 33 3 1. 4). Dagegen ist es wohl richtiger, dies Motiv in Ex 15 25 bβ 16 4 b und 20 20 zur Dtr.-Bearbeitung zu rechnen, da es dort stets im Sinne Dtr.s auftritt. Gegen SEEBASS a. a. O. S. 66 ff. und die daraus gezogenen Konsequenzen. Durch diese Erkenntnis wird vor allem die Interpretation von 20 18-21 sehr vereinfacht. Entfällt 20 20 Dtr., so wird die Komposition des E-Fadens noch deutlicher: Einladung des ganzen Volkes zu Gott (19 13 b), Furcht des Volkes (20 18 a. 19), daraufhin Einladung der 70 Ältesten als Volksvertretung (24 1 a. 9. 11 b). 20 18-21 hat dann nichts mit der Massatheophanie zu tun, gegen SEEBASS a. a. O. S. 67 f. Wohl aber mit 4 16 b! Denn Mose ist hier zweifellos für das Volk an Gottes Stelle, vgl. auch die analogen Verpflichtungen 24 3 und 19 8. — 20 19 gehört daher als Vorbereitung zur Bergszene 24 12 ff. 31 18 b 32 1 ff.

[31] Das Sonderproblem des Dekalogs ist hier beiseite gelassen, die Redeeinführung 20 1 jedoch beibehalten, da eine Gottesrede nach 19 9 a J; 19 19 E und 20 22 (Bundesbuch) unbedingt zu erwarten ist. Ex 34 1-28 gehört, abgesehen von dem, was Elemente aus Ex 33 fortsetzt (34 8. 9 aα. bβ. 10), zu Dtr. als Fortsetzung der Geschichte vom goldenen Kalb, vgl. SEEBASS a. a. O. S. 46 ff.

[32] A. a. O. S. 18 ff. 23 ff.

[33] Dies war die klassische Position J. WELLHAUSENS, Prolegomena, 5. Aufl. S. 347 ff.; noch schroffer E. MEYER a. a. O. S. 60 ff.: Alles zwischen Ex 16 und Num 20 1-13 sei sekundärer Einschub, wie die Dublette Ex 17 1-7 und Num 20 1-13 zeige.

[34] Vgl. NOTH, Num 21 als Glied der »Hexateuch«-Erzählung, ZAW 58 (1940/1) S. 161 ff.

[35] Vgl. F. SCHNUTENHAUS, Der Ursprung der Mosetradition, Diss. Heidelberg (1958) S. 81 ff. zu den Num-Sagen. Leider hat SCHNUTENHAUS versucht, auch die Exodus-Traditionen auf dies Schema zu reduzieren, was jedoch sicher nicht bei Ex 17 8 ff.

füllen offenbar die Lücke, die im alten Traditionsbestand zwischen der Sinai-Perikope und den Landnahme-Sagen klaffte. Ein Blick auf die Komposition dieses Abschnitts bestätigt das; denn sein Grundgerüst wird von drei Erzählungen gebildet, die vor die Sinai-Perikope gehören und erst von J hinter sie gestellt wurden: Num 10 29-33/Ex 18 27[36], Num 11 *10 ff./Ex 18 13-26[37] und Num 20 1-13/Ex 17 1-7[38]. Dazu kommt eine weitere Erzählung, die traditionsgeschichtlich mit Ex 32 *1-20 E zusammengehört, nämlich die Dathan-Abiram-Sage von Num 16[39]. Dies Grundgerüst wird durch zwei Sagen er-

---

(E-Sondergut), Ex 18 (Gottesberg), 19 (Sinai), 20 18f. 21 und 24 1f. 9-11 gelingen kann. Typisch ist es aber überhaupt nur für die J-Erzählung, vgl. 4 13.14 a J; 5 20—6 1 J; die Plagenerzählungen; 14 11-14 J; 15 22 ff. J; 16 1 ff. J; 17 3 J. Bei E gibt es als Analogien nur 17 2 a und 32 *1 ff., wo die Motive wohl beide Male aus der geschichtlichen Auseinandersetzung der Mose-Leute mit Aaron und seiner Anhängerschaft stammen, vgl. Seebass a. a. O. S. 32 ff. 64 ff. — Daher hat Schnutenhaus' These über den Ursprung der Mosetradition nur Gültigkeit für die späten Formungen des Jahwisten.

[36] So mit E. Meyer a. a. O. S. 90. Parallel sind genau genommen zwei Motive: a) Die ursprüngliche Absicht des Midianiters, nicht mitzuziehen 10 30/Ex 18 27. b) Der Ort הר האלהים/הר יהוה Ex 18 5. — Der Harmonisierung W. F. Albrights, Jethro, Hobab and Reuel in Early Hebrew Tradition, CBQ 25 (1963) S. 1 ff. zwischen den drei genannten Namen kann ich nicht zustimmen. In Num 10 29 mag Reguel, wie Albright meint, durchaus Sippenname des Hobab sein. Aber in Ex 2 18 ist er trotz Albright kaum ursprünglich, sondern Zusatz auf Grund von Num 10 29, und Albrights Ergänzung »(Jethro ben) Reguel« in Ex 2 18 ist ganz ohne Anhalt im Text. Gegenüber der Lesart חֹתֵן in Num 10 29 Jdc 1 16 4 11 (Albright) bietet die des MT sicher die *lectio difficilior*; denn wie sollte man auf diese falsche Lesart kommen, wenn jene die ursprünglich richtige war? Zum Schwiegervater des Mose vgl. auch Noth a. a. O. S. 200 ff., besonders S. 201 A. 516.

[37] Man beachte auch die Zusammengehörigkeit der drei Grundelemente 18 27 18 13-26 und 17 1-7. — 17 8 ff. ist E-Sondergut, und 18 1-12 ist doppelfädig überliefert, s. Seebass a. a. O. S. 83 ff. Zu Num 11 *4 ff. s. Weiteres unten.

[38] In Num 20 könnte man 3 a. 5 a. 8 aα* (Nimm den Stab). 9 aβ (vor Jahwe weg; bezieht sich auf den Aaronstab 17 25). 11 a. 13 vielleicht mit Rudolph a. a. O. z. St.; Noth a. a. O. S. 19 als Zusätze zur P-Erzählung auf Grund von Ex 17 1-7 erklären. Allerdings muß man dann annehmen, daß die P-Erzählung überarbeitet wurde, ehe sie mit der kombinierten JE-Erzählung vereinigt wurde, in der eben Ex 17 1-7 bereits vorkam. Für die gegenwärtige Fragestellung ist es ohne Belang, ob man in Num 20 1-13 neben P einen selbständigen J-Faden annimmt oder nicht; denn die Struktur der Komposition Num 10—20 bleibt trotzdem deutlich erkennbar.

[39] Zu ihr gehört: 1 bα (Dathan und Abiram). 12-15. 25. 26. 28-31 a. 32 a. 33 a. bα. 34. Zu ihrer Interpretation: 28 zeigt, daß der Vorwurf Dathans und Abirams das Gesandtsein des Mose in Frage stellt. Das erläutern 13 f.: Mose war nicht in der Lage, so sagen Dathan und Abiram, der bei einer Transmigration an den charismatischen Führer gestellten Anforderung, neue Ländereien zu geben, nachzukommen. (Vgl. dazu Maag, SVT 7, S. 138 A. 1). Obwohl Mose also gescheitert ist, maßt er sich

gänzt, die ursprünglich zum Thema »Landnahme« gehören Num
13 1—14 38 und 14 25 a. 39-45[40], zu denen endlich die vier selbständigen

herrschaftliche Befugnisse an, indem er sie zu sich ruft (13. 14 a). Die Anklage gipfelt
in der Frage, ob Mose etwa den Tatbestand seines Scheiterns weiterhin vor dem
Volk betrügerisch verbergen will (14 b). Die Reinigungsaussage des Mose (15 b) folgt
darauf ganz sachgemäß, da, wie I Sam 12 3 aγ zeigt, die Anklage wegen Volksver-
blendung den Vorwurf in sich trägt, sich dadurch bereichern zu wollen. Nur 15 a
scheint unklar zu sein. War die מנחה der Anlaß dazu, daß Mose die Aufrührer zu
sich rufen ließ? Aber um das Opfer geht der Streit weder in 12-14 noch in 28-30, sondern er betrifft die Führung des Mose. Dementsprechend ist der Sinn dieses Motivs,
daß die Aufrührer, die sich wohl selbst zu Führern erheben wollten, bereits ein
Opfer darbrachten, um bei dessen freundlicher Annahme durch den führenden
Gott selbst die Führung übertragen zu bekommen. — Zu 30 ff. vgl. G. Hort, The
Death of Qorah, Austr. Bibl. Review 7 (1959) S. 2 ff. Ausgangspunkt der Erzählung
sei, daß die Aufrührer auf einem von dem übrigen Volk abtrennbaren Stück Land
zelteten (*26). Die folgende Katastrophe könne aber kein durch Erdbeben ver-
ursachtes Klaffen eines Erdspaltes sein — so die übliche Auffassung, weil die Folgen
eines solchen Erdrisses sich nie auf so ein kleines Gebiet beschränken. Auch in Gen
4 11, der einzigen Parallele zum Ausdruck »die Erde sperrte ihr Maul auf« (30; danach
Dtn 11 6), sei kein Erdspalt gemeint. Die Schilderung 32 a. 33 a. bα erinnere viel eher
an das Versinken in einer wäßrigen (schleimigen) Substanz, vgl. etwa Ex 15 5 Ps
69 16. Daher schlägt Hort vor, an das Versinken in einem *kewir* zu denken. Ein
kewir hat als oberste Schicht trockenen Schlamm, darunter eine harte Salzkruste,
die verschieden dick sein kann (beim »*Großen Kewir*« 2³/4 Zoll), und darunter befindet sich lehmiger Ton, der immer feuchter wird. Ein solcher *kewir* kann sehr
tief sein. (Beschreibung nach S. Hedin, Zu Land nach Indien, 3. Aufl., 1922, S. 314—
407; II S. 1—29.) Hort weist darauf hin, daß es *kewire* tatsächlich in der Araba
südlich der Wasserscheide *es-sabcha* gibt. — Da das Volk nach 14 25 b zum Schilf-
meer (Golf von el-ʿAkaba) ziehen soll, kommt diese Gegend wirklich in Frage.
Num 16 folgt also sachgemäß auf Num 14 25 b, und man darf 20 1 aβ nicht über
Num 16 hinweg mit 13 26 verbinden. Vielmehr bezeugen 13 26 (Kades) 20 1 aβ
und 20 14 ff. beharrlich die besondere Rolle, die Kades wohl einst für die Einwanderung einer Wüstengruppe gespielt hat. 20 1 aβ meint also wohl die Rückkehr zum
Landnahmeort Kades nach langer Zeit, gegen Noth a. a. O. S. 138 A. 354. — Übereinstimmung mit Ex 32 besteht darin, daß in beiden Fällen das Gesandtsein des
Mose in Frage steht, die Aufrührer je durch ein Ordal (Fluchwasser Ex 32 20, Versinken im Erdboden Num 16 30 ff.) gestraft werden und daß sie je voreilig ein Opfer
darbringen (Ex 32 5 f. Num 16 15 a), weil sie die Führung durch Mose als erledigt
ansehen. — Die konkrete Gestaltung von Num 16 J ist jedoch von Num 14 4 abhängig, wo das Motiv, sich einen neuen Führer zu wählen, schon einmal anklingt,
aber nicht weiter durchgeführt wird. Vgl. auch 14 11 a. 23 b und 16 31 נצאי!

[40] Während die erste Erzählung, die ursprünglich von der Besetzung Hebrons durch
Kaleb handelte, voll verständlich geworden ist, scheint mir die zweite nicht ausreichend erklärt zu sein. Mit Gressmann, Mose S. 296 f. muß man m. E. gegen
Noth a. a. O. S. 143 ff. den zweiten Teil für selbständig halten. Die bei Horma
ansässige israelitische Gruppe wollte einst über ihr Gebiet hinaus in die Ebene
»des Kanaaniters und Amalekiters« vorstoßen. Aber die Befragung Jahwes ergab,

Erzählungen 10 35 f.[41] 11 1-3[42] 11 4 ff[43] und Num 12[44] kommen, die durchweg ein junges Gepräge haben.

---

daß diese dort wohnen bleiben sollten, wohl weil das Volk sich in irgendeiner Weise verschuldet hatte. Trotzdem versuchte es den Angriff, und das sogar, obwohl es noch einmal gewarnt wurde und der Prophet (Mose; und die Lade?) nicht mit in den Kampf zieht (39. 40 a. 41-43 a. 44). So erlebt das Volk eine schwere Niederlage und wird auf sein Gebiet zurückgeworfen. — Beide Sagen zogen einander an, weil sie von einer Benachteiligung des Jahwevolkes gegenüber benachbarten Stämmen zu erzählen wußten. Dadurch daß sie miteinander kombiniert wurden, ist 14 39 ff. zum Schlußakt der Kundschaftererzählung geworden. Das gab aber nur Sinn, wenn die Feinde nicht in der Ebene, sondern auf dem Gebirge saßen. So erklären sich die Zusätze 40 b. 43 b. 45 a. — Die Verbindung zwischen beiden Sagen stellte offenbar das Motiv der Verschuldung her. Dagegen ist aus ihnen nicht das Motiv des Sterbens in der Wüste (14 11 a. 23 b J; anders RUDOLPH a. a. O. z. St.) erklärbar; denn daß dem Volk die Eroberung des Gebiets von Hebron nicht mehr glücken sollte, ging ja bereits aus der Horma-Tradition 14 24. 25 a hervor. Nur Kaleb wird die Eroberung zugesagt, aber der Umweg durch das Ostjordanland bereits vorausgesetzt (24. 25 b). Demgegenüber ist die Art der Bestrafung des Volkes durch das Aussterben der betreffenden Generation in der Wüste zu ungewöhnlich, als daß man sie direkt aus der Nichteroberung des Kaleb zugesprochenen Gebietes ableiten könnte, gegen NOTH a. a. O. S. 149.

[41] Dies ist m. E. einfach ein Pentateuch-Nachtrag zur Legitimierung der Lade durch das Hauptheiligtum der Mosezeit, den Sinai. Für sich können die Ladesprüche natürlich trotzdem aus sehr alter Tradition stammen, s. u. S. 72 A. 86.

[42] Die Erzählung besteht aus dem puren Schema der Murrgeschichten und ist dementsprechend blaß, vgl. NOTH a. a. O. S. 156; GRESSMANN a. a. O. S. 256.

[43] Zur Rekonstruktion dieser Sage vgl. besonders RUDOLPH a. a. O. S. 66 ff.; zum Ursprung vgl. GRESSMANN a. a. O. S. 141 f.; NOTH a. a. O. S. 129 f. 137. Gegen NOTH wird man mit RUDOLPH annehmen müssen, daß 11 33 der ursprünglichen Anlage der Wachtelsage widerspricht und erst ein aus dem Ortsnamen abgeleitetes Motiv einführt. Dieser Gedanke muß jedoch so erweitert werden, daß 11 4 a. 33 f. ursprünglich eine ebenso kurze Lokalerzählung aus der Wüste gebildet haben wie 11 1. 3 (2 ist bereits israelitische Abmilderung). Beide Notizen schilderten vorjahwistisch die Unheimlichkeit bestimmter Wüstengeister. — Zur Darstellung der תַאֲוַת des Volkes eignete sich die Wachtelsage deswegen, weil Fleisch in der Wüste Luxusnahrung ist, vgl. GRESSMANN a. a. O. S. 138. Die Ältesten-Sage aber ist wohl durch Stichwortzusammenhang mit der schroffen Klage des Mose über die Last des ganzen Volkes, die ihm auflag, eingefügt worden. Sie sollte nach J eindeutig von der Theophanie auf dem Sinai (Ex 24 10. 11 a J, vgl. SEEBASS a. a. O. S. 90) getrennt werden, und das hat J durch seine Umstellung und Einstellung in einen völlig anderen Zusammenhang auch wirklich erreicht. Daher kann man weder mit RUDOLPH a. a. O. z. St. die Ältestensage als sekundär in J noch mit HOLZINGER, Numeri (1903) z. St.; GRESSMANN a. a. O. S. 168 A. 2 als Bestandteil eines Parallelfadens ansehen.

[44] Num 12 gehört zu den Erzählungen, die der Analyse am hartnäckigsten widerstehen. Eine Lösung kann nur mit entsprechenden Vorbehalten angegangen werden. 1 aβ. b halte ich mit WELLHAUSEN, Composition des Hexateuch, 3. Aufl. (1899) S. 99 für einen späten Zusatz, zur Begründung vgl. »Zu Num X 33 f.« VT 14 (1964)

2. Aber auch positiv läßt sich zeigen, daß die Sinai-Perikope nicht erst spät in den Bestand der Wüstensagen eingefügt sein kann. Denn die alten Überlieferungen haben ohne Ausnahme ein Pendant in der Sinai-Tradition. Für Ex 17 1-7 ist das 24 12-15 a 32 1-29. Die Midianiter-Tradition ist am Sinai selbst dadurch lokalisiert, daß der Gottesberg (3 1 4 27 18 5) mit dem Sinai als Einheit angesehen wird (24 13 vgl. Num 11 33). In der Midianiter-Tradition aber ist die Exodus-Tradition fest verankert (3 1-12. 16—4 12 18 1-12)[45]. Vom überlieferungsgeschichtlichen Befund her ist es daher unrichtig zu behaupten, »daß die Sinaitradition ... erst *sekundär* und *spät* in das große Ganze der Pentateuch-Überlieferung einbezogen worden ist«[46].

3. Auch die geographischen Verhältnisse beweisen nichts, selbst wenn man die genaue Lage der Orte des Durchzugs durchs Meer, Mara[47], Massa-Meriba, Rephidim und Gottesberg-Sinai bestimmen könnte[48]. Denn auch wenn sich herausstellen sollte, daß der Sinai relativ zu den anderen Orten abgelegen ist, folgt daraus nicht, daß seine Tradition nicht mit den anderen zusammengehört, da er in jedem Fall ein Wallfahrtsort ist, zu dem man u. U. sehr weit wandern kann. Ferner ist zu beachten, daß die anderen Orte nach der Überlieferung zwar zufällig berührt werden, aber *de facto*, bis auf die

S. 111ff. Im übrigen erklären m. E. zwei spätere Motive alle Unstimmigkeiten: a) Eine ältere Erzählung ist mit Motiven des hl. Zeltes überarbeitet worden. Diese finden sich in 4 aβ. 5. 8 aα*. β (vgl. Ex 33 11 a Dtn 34 10). 10 aα. Die ältere Erzählung scheint noch in *4. 9 durch. Ursprünglich sollten die beiden streitenden Parteien wohl nur das Lager verlassen. Das bildete einen Anknüpfungspunkt, vgl. Ex 33 7. b) Aaron hat keine rechte Funktion in der Erzählung und könnte ohne weiteres weggelassen werden. Denkt man sich 11 bβ und das recht blaß formulierte 13 weg und setzt in 10 b. 11 a Mose an Stelle Aarons, Jahwe an Stelle Moses, so hat man bereits die Vorstufe des gegenwärtigen Textes von 10-15. Aaron ist wohl einfach auf Grund von Ex 32 in die Erzählung eingefügt worden. S. u. S. 66 A. 55. — Mit dem Motiv des Streites zwischen Mose und Mirjam um die kultische Vorrangstellung dürfte eine gute, alte Überlieferung erhalten sein, s. o. S. 55 A. 221; anders Noth a. a. O. S. 141ff. Offenbar fehlt aber in ihr jede Beziehung auf die Landnahme der Mose-gruppe, so daß sie überall eingeordnet werden könnte.

[45] Direkter Einfluß der Sinaitradition in der Auszugstradition liegt in 3 13-15 vor.

[46] So Noth a. a. O. S. 63f.; noch schroffer v. Rad, Das formgeschichtliche Problem des Hexateuch (1938) a. a. O. S. 20ff.

[47] 15 22-26. Gegen Seebass a. a. O. S. 76 findet sich in der Erzählung keine Spur davon, daß der Ortsname ursprünglich Massa hieß, da 25 bβ wahrscheinlich zur Dtr. Bearbeitung gehört, die sich auch in 26 beobachten läßt, s. o. S. 61 A. 30. — Zu 15 26 vgl. Seebass a. a. O. S. 75f.

[48] Nur für den Ort Meriba besteht weitgehende Übereinkunft darüber, daß er mit dem Quellgebiet der heutigen ʿ*ēn el-ḳdērāt* identisch ist, zu deren Einzugsgebiet noch die Quellen ʿ*ēn-ḳdēs* und ʿ*ēn-el-ḳsēme* gehören, vgl. die neusten Beschreibungen bei Y. Aharoni in B. Rothenberg, Y. Aharoni und A. Hashimshoni, Die Wüste Gottes (1961) S. 128ff. Speziell zum Sinai vgl. Noth, Gesch. Israels S. 121ff.

Meerpassage, hl. Orte sind[49]. Diese konnten durchaus bewußt aufgesucht werden, ehe man sich zum Hauptkultort, dem Sinai, begab[50].

4. Der Auszug aus Ägypten ist nach den alten Sagen primär auf den Gottesberg-Sinai angelegt und nicht auf die Landnahme[51]. Zwar ist unbestreitbar, daß der Auszug und die Wüstenzeit nach der Gesamtanlage des Pentateuch auf die Landnahme zielt; aber es fällt auf, wie selten sie im alten Bestand erwähnt wird. In der Berufungssage führt erst J sie ein (3 8. 17), während E nur von der Herausführung spricht (3 10 b. 11 b. 12 b). 13 17 f. E[52] erklärt, warum das Volk nicht den Weg nahm, den es nach der Gesamtanlage der Erzählungen hätte nehmen müssen. In Wirklichkeit, so sagen die Verse, ging das Volk mitten in die Wüste und nicht direkt ins Kulturland[53]. 33 1 a. 3 a. 12 a J gehört zur Überlieferung vom hl. Zelt, die erst J einführt[54]. Selbstverständlich spricht Num 10 29-33 a J von der Landnahme, da diese Erzählung wahrscheinlich erklären soll, wieso die Sippe der Hobabiten mitten in Israel wohnt[55]. Sie setzt also die Verbindung Wüstenzeit-Landnahme bereits voraus. Num 11 12

---

[49] In Mara wird dem Volk Satzung und Recht erteilt (15 25 bα), und es wird ein Theophaniewort berichtet (*26). In Massa-Meriba erscheint Gott dem Mose auf dem Felsen (17 6), in Rephidim werden zwei Kultobjekte gestiftet. (17 15. 16), s. o. S. 57 A. 10, und am Gottesberg feiern die Vertreter des Volkes ein Opfermahl mit Jethro (18 12).

[50] Vgl. B. Stade, Geschichte des Volkes Israel (1887) S. 132, bei E. Osswald, Das Bild des Mose (1962) S. 96. — Es sei noch einmal daran erinnert, daß der Sinai nach dem alten Traditionsbestand den Endpunkt der Wanderung darstellt, ehe das Volk ins Kulturland zieht.

[51] So vor allem Gressmann a. a. O. S. 16 f. 387. 389. Wenn Gressmann trotzdem die Sinaitradition im Zusammenhang als sekundär ansieht, so besonders deshalb, weil er nahezu alle Erzählungen, die nicht eindeutig nach Ägypten, an den Sinai oder zur Landnahme gehören, in Kades ansetzt. Dem ist v. Rad in seiner Argumentation gefolgt, nicht jedoch Noth, s. o. A. 46.

[52] 13 19 kann hier beiseite gelassen werden, da es nur Joseph mit seiner palästinischen Grabstätte verbindet, demnach also die Verknüpfung Auszug—Landnahme voraussetzt und nicht begründet. — 6 4. 8 gehört zu P, 12 25 13 5 zu Dtr.

[53] Noth a. a. O. S. 57 A. 174 und S. 223 erklärt 13 17 f. als späte Reflexion, die den in der Überlieferung zwischen dem Auszug und der Anwesenheit im Ostjordanland klaffenden Hiatus verdecken solle. Aber diese Funktion üben sie, wie Noth a. a. O. S. 57 selbst sieht, in Wirklichkeit nicht aus. Denn der Wüstenweg führt direkt nach Kades, von wo aus man nur nach Norden hätte wandern müssen, um nach Palästina zu gelangen. Daher trifft Noths Erklärung nicht zu. — 16 35 gehört offenbar zu einem späten Anhang der Mannasage und kann nicht angerechnet werden. 23 30 f. und 32 34 gehören zu Dtr.

[54] Zur Analyse vgl. Seebass a. a. O. S. 13 ff. 50 ff. In irgendeiner Form muß jedoch bereits der alte Bestand der Sinaisage den Befehl zum Aufbruch ins Kulturland enthalten haben, da die Landnahmesagen direkt auf die Sinai-Tradition folgten.

[55] Vgl. Noth a. a. O. S. 201.

beruft sich nicht zufällig auf die Väterverheißung, und Num 13f. spricht als ehemalige Landnahmesage selbstverständlich von jener. Für Num 16 J schließlich ist die Ausrichtung auf die Landnahme die Voraussetzung der Anklage gegen Mose; aber dieser Teil ist offenbar in der konkreten Gestaltung nicht unabhängig von Num 14 4[56]. — Dagegen gehört zum Grundbestand der Berufungssage die Verknüpfung des Auszugs mit dem Kult am Gottesberg-Sinai als Ziel (3 12 b)[57].

5. Dazu kommt die in der alttestamentlichen Tradition bewahrte Erinnerung daran, daß das Volk, welches aus Ägypten geführt worden war, für längere Zeit[58] in der Wüste gewandert ist. Die späteren Erzähler nahmen an ihr Anstoß, weil für sie das segensreiche Kulturland das selbstverständliche Ziel des Exodus war, und deuteten daher die Wanderung als eine göttliche Strafe für eine Untat (Num 14 11 a. 23 b. 24 J; 14 26 ff. P; Dtn 1 34 ff. 2 1-3. 14-16)[59]. Daneben blieben aber noch Stellen erhalten, an denen der Wüstenaufenthalt nicht als Strafe verstanden wird. So wird er Jos 24 7 b ganz ohne Tendenz erwähnt und trennt dort deutlich zwischen Herausführung und Landnahme. Vor allem aber preist Dtn 8 2-4 die wunderbare Behütung und Versorgung des Volkes in der Wüste für eine Zeit von 40 Jahren. Der Gedanke an eine Bestrafung liegt hier völlig fern[60]. Vor Augen steht

---

[56] S. o. S. 63 A. 39. — Es ist also der Jahwist, der die Ausrichtung auf die Landnahme konsequent durchführt.

[57] Wenn man in der alten Tradition überhaupt eine Klammer für alt halten kann, so diese. So m. R. GRESSMANN a. a. O. S. 389. — E. MEYER a. a. O. S. 10ff. hat dagegen geltend gemacht, daß der Ort des Wüstenfestes nach 3 18 5 3 drei Tagereisen entfernt gewesen sein soll, und hat das mit 15 22 b verknüpft. Aber einmal rechnet 15 22 b erst vom Ort des Meerwunders an. Vor allem aber wird es sich beim Weg von drei Tagen einfach um eine überschaubare, nicht zu weite und nicht zu kurze Wegstrecke handeln, wie z. B. Num 10 33 vom Gottesberg an, Ex 15 22 b vom Ort des Meerwunders und 3 18 5 3 vom Ort der Sklaverei des Volkes an, so mit MEEK, Hebrew Origins, 2. Aufl. (1950) S. 100.

[58] So Jos 24 7 b. Num 14 und Dtn 1 34—2 3. 14-16 8 2-4 nennen die Dauer einer Generation (40 Jahre).

[59] So mit WELLHAUSEN, Israelitische und jüdische Geschichte, 8. Aufl. S. 12f.; gegen NOTH a. a. O. S. 149. Bei diesem Motiv handelt es sich auch in Num 14 nicht um ein sekundäres Sagenelement, s. o. S. 64 A. 40. Es ließ sich aber höchst einfach mit jener Sage verbinden, da nach ihr die israelitischen Gruppen im Gegensatz zu Kaleb zurückgesetzt wurden. — ROWLEY, From Joseph to Joshua S. 133 erwähnt mit Nachdruck, daß das Volk nach Dtn 2 14 38 Jahre in Kades geblieben sei. Aber das ist irrig. Dtn 2 14 gibt als Dauer der Wanderung vom Aufenthalt in Kades bis zum Überschreiten des Arnon die Zeit von 38 Jahren an. In Verbindung damit soll wohl 1 46 bedeuten, daß das Volk 2 Jahre in Kades blieb, vgl. NOTH, Überlief.-gesch. Studien S. 24 A. 1.

[60] Besonders deutlich ist der Abstand zu Num 14 in Dtn 8 2 b: »... um dich zu demütigen und dich zu prüfen, damit er erkenne, wie du gesinnt seist ...«. Davon könnte in Num 14 nicht die Rede sein.

nur das herrliche Tun Jahwes[61]. Die Tatsache also, daß die Überlieferung je ganz verschieden gedeutet wurde und daher offenbar für
die Tradenten der Erklärung bedürftig war, zeigt, daß sie selbst
älteren[62] Ursprungs sein muß.

6. Ein Pentateuch-Thema »Führung in der Wüste« *unabhängig* vom Sinai gibt es in der alten, doppelfädigen Tradition nicht,
höchstens[63] beim Jahwisten. In jener löst sich, wie oben dargelegt,
das Thema in die drei Komplexe »Midianiter und Exodus«, »Midianiter und Sinai« sowie »Aaron und Sinai« auf. Ebensowenig hat es
eine Überlieferung von der Erwählung in der Wüste *unabhängig*
von Exodus und Sinai gegeben, wie R. BACH[64] auf Grund von Hos
2 16 f. 9 10 (10 11-13 ?) 13 5 Jer 2 2 f. 31 2 f Hes 16 1-14 Dtn 32 10 hat
nachweisen wollen. So zutreffend m. E. die Herausarbeitung dieser
Tradition selbst ist — der Beweis, daß die bekannten Erwählungstraditionen nicht gemeint seien, scheint mir nicht gelungen. Charakteristisch ist folgende Frage: »Wie vor allem soll man es sich erklären,
daß die Wüstenzeit, die in der pentateuchischen Überlieferung nicht
mehr ist als ein Durchgangsstadium (*sic!*), hier offenbar Haftpunkt
des Erwählungsglaubens ist?«[65] Ziel der Herausführung war eben
zunächst durchaus die Wüste selbst und nicht Palästina, und auf die
Wüstenzeit als ganze, für sich stehende Größe, die nur als solche mit
der Zeit seit Betreten des Kulturlandes konfrontiert werden kann[66],
bezieht sich jene Tradition[67].

7. Eins der ältesten Elemente der Auszugstradition, das Mirjamlied (15 20 f.)[68], ist, wie es scheint[69], nicht unabhängig von der Sinai-

---

[61] Vergleichbar sind Gen 35 3 und 28 20 f. 32 11.

[62] Also älter als J, vgl. Num 14 11 a. 23 b. 24.

[63] Gegen NOTH a. a. O. S. 48 ff. 62 ff. Bei J kann man insofern von einer gewissen
Selbständigkeit jenes Themas reden, als er mit Ex 16 Num 10 29—20 13 Tradi-
tionen bringt, die nicht mehr an hl. Orte gebunden sind, sondern irgendwo in der
Wüste stattfinden und die daher die andersartigen Erzählungen Ex 15 22-26 J 7 1-7
18 1-12 J einebnen. Trotzdem kann man auch bei J nicht recht von einem eigenen
Thema »Führung in der Wüste« reden. J benutzt nur Stoffe, die eine derartige
Sonderexistenz geführt haben, wie Ex 16 (Manna) Num 11 1-3 11 4 ff. (Wachteln)
und Streit um die Führung (Num 12 und 16).

[64] Die Erwählung Israels in der Wüste, Diss. Bonn (1952).

[65] A. a. O. S. 48.

[66] Vgl. den Nachweis bei BACH a. a. O. S. 22 ff. 30 ff. zu Hos 11 1-3 9 10. 15 Hes 16 1-14.

[67] Daß sie sich nicht auf die Herausführung beziehen kann, zeigt BACH a. a. O. S. 40 ff.
Aber daß sie sich nicht auf die Sinaitradition beziehen könne, weil diese erst
später eingefügt worden sei, ist nicht zwingend. Da sie aber so unbestimmt von
»Erwählung in der Wüste« spricht, will sie offenbar die Wüstenzeit als Ganzes der
Kulturlandzeit gegenüberstellen.

[68] Vgl. NOTH a. a. O. S. 52 f. und neuestens A. LAUHA, Das Schilfmeermotiv im Alten
Testament, SVT 9 (1963) S. 33.   [69] Vgl. SEEBASS a. a. O. S. 131 ff.

tradition entstanden. Das Entscheidende an diesem ist anscheinend, daß es den Jahwe vom Sinai im Handeln am Meer wirksam sieht. Zu den von mir beigebrachten Argumenten kommen: a) Der Mythos vom Kampf zwischen Baal und Jam ist sowohl in Ugarit als auch im Ägypten des Neuen Reiches (seit der 18. Dyn.) belegt[70]. Die Vorstel-

---

[70] Nach O. Kaiser, Die mythische Bedeutung des Meeres in Ägypten, Ugarit und Israel (1959) S. 44ff. — A. Lauha a. a. O. S. 32ff. (vgl. besonders S. 36) hat darauf aufmerksam gemacht, daß das Schilfmeermotiv in der vorexilischen Literatur nicht nur sehr selten (Jos 24 8f. = Ex 15 21 Jdc 11 16 Dtn 11 4 Jos 2 10 4 23 Dtr.) vorkommt, sondern auch nicht religiös ausgedeutet, sondern bloß als »heilsgeschichtliches« Referat verwandt wird. Erst nach dem Exil tritt es häufig auf und wird zum beliebten Anlaß für religiöse Deutungen, besonders kosmisch-mythischer Natur. Lauha vermutet (S. 139), daß diese Deutungen erst im Exil durch die Auseinandersetzung mit fremden Göttern, vor allem Baal und Marduk entstanden seien. — Dieser Sachverhalt erlaubt jedoch noch eine andere Interpretation. Die eigentlich zentrale Tat Jahwes zur Rettung des Volkes aus Ägypten, eben das Meerwunder, verlor dadurch im Kulturland bald an Bedeutung, daß sie immer mehr unter dem Gesichtspunkt der Herausführung, analog der Herausführung des Vaters Israel aus Mesopotamien, gesehen wurde, wobei die ägyptische Herausführung die Aussagekraft der Herausführung des Vaters dadurch übertraf, daß viel mehr Gewaltiges, Wunderbares bei ihr geschah. Religiös bedeutsam war daher je länger je mehr die Befreiung des Volkes aus großer Bedrückung mit dem Ziel der Landgabe, dem das Meerwunder nur als begleitendes Zeichen beigeordnet war, vgl. die stereotype Dtr.-Formel »mit ausgestrecktem Arm . . .« Dtn 4 34 5 15 7 19 9 29 26 8. Die Landgabe zusammen mit der Herausführung aber haben das Volk in vorexilischer Zeit aufs Stärkste bewegt, wie das klassisch Am 9 7 sagt. Nach dem Exil wird das anders. Die Landgabe ist inzwischen zu einem ganz fraglichen Gut geworden, und das Volk ist gezwungen, sich neu auf seine Ursprünge zu besinnen. In diesem Rahmen werden auf einmal wieder viele der uralten Traditionen wichtig, die für die religiösen Bewegungen der Königszeit nicht im Mittelpunkt standen: Die Väter, denen Jahwe das Land zugeschworen hatte, Mose und der Sinai, die uralt verwurzelte Gesetzgebung, die inzwischen von vielfältigen jüngeren Materialien überformt und inzwischen schon anfangshaft (II Reg 23) neu zur Geltung gekommen war, die Wüstenzeit überhaupt und eben auch das Meerwunder. Es sind gerade die Traditionen wichtig, die Jahwes Handeln am Volk vor der Landnahme zeigen, und an ihnen wird jetzt die alles überspielende Macht Jahwes bedeutsam: Jahwes Schwur an die Väter war so unverbrüchlich, daß er das Volk am Sinai (Ex 32 9-14 Dtr.) nicht vernichten konnte, obwohl das seine Absicht war. Seine Macht ist so groß, daß er für Israel einen Weg durch das Meer fand, daß er es beseitigte und es stattdessen über die Ägypter kommen ließ (Jes 43 16f.). In dieser Zeit höchster Machttaten empfing Mose auf dem hl. Berg das Gesetz, das die Beständigkeit hat, in der gescheiterten Existenz des Volkes das Fundament für den Neuaufbau anzubieten. — Es ist diese Anknüpfung an das Uralte, wohl auch durch die Berührung mit Babylon neu ins Gedächtnis Getretene, was die nachexilische Restauration kennzeichnet. Bedenkt man aber, wie intensiv die Überlieferungsgeschichte des Pentateuch bis hin zu Elohist und Jahwist, also wohl wenigstens bis in die davidisch-salomonische Ära (vgl. v. Rad, Das formgesch. Problem a. a. O. S. 75ff.), angehalten hat, so

lung vom Sieg eines Gottes über das Meer als Chaosmacht war also im
näheren Umkreis wirklich bekannt. — b) Die Rettung aus der Hand
Ägyptens bezieht sich in 18 4 b. 9 f. offenbar besonders auf das Meerwunder. Auf Grund dieser Jahwe-Tat ruft Jethro aus: »Jahwe ist
größer als alle Götter«. Eine solche Aussage galt aber in Israels Umwelt besonders dem Gott, der die Chaosmacht überwältigen konnte[71].
Allem Anschein nach hat also 18 8 a. 9-11 a das Meerwunder im Sinne
jener Vorstellung verstanden[72]. — c) In Ex 19 9 a. 16 aα. b wird die
Sinaitheophanie mit den Kennzeichen schwerer Wolken, starker
Blitze und grollenden Donners geschildert[73]. In ugaritischen[74], hethitischen und babylonischen[75] Texten sind dies Kennzeichen des

---

erscheint die Königszeit in mehr als einer Hinsicht als eine Zeit, in der viel alte
Tradition ins Unwesentliche geriet zugunsten des Neuen, das in ihr geschah. Mag
also die Krisis der Landnahme groß gewesen sein (vgl. v. RAD, Theologie des AT I,
1958, S. 24ff.) — eine noch größere könnte sehr wohl die Königszeit gewesen sein,
wie der deuteronomistische Geschichtsschreiber das auf seine Weise zum Ausdruck
bringt (vgl. NOTH, Gesch. Israels S. 159f.).

[71] So in Ugarit, vgl. C. H. GORDON, Ugaritic Manual (1955) 68, 32: *jm. lmt b'lm jmlk*;
und 'nt V 40f.: *mlkn. alijn. b'l ṭpṭn. (w) in. d'lnh*; und dazu W. SCHMIDT, Königtum
Gottes in Ugarit und in Israel (1961) S. 11f. In Babylonien vgl. ANET, Enuma Eliš
IV 3ff.; VI 121ff.; VII 12ff. 88.

[72] Diese Tatsache behält ihre Wichtigkeit, selbst wenn 18 8 a. 9-11 a nicht zur ältesten
Traditionsschicht gehören. Vgl. ANDERSEN a. a. O. S. 184ff. Schwerwiegender wäre
es schon, wenn NOTH a. a. O. S. 39 A. 138 Recht hätte, daß sie erst Zusätze zur
Erzählung des Elohisten darstellen. Aber die Gründe, die NOTH anführt, wiegen
beide nicht schwer: a) In 8 aβ. bβ. 9-11 a komme der Jahwe-Name vor. Aber Spuren
von Doppelfädigkeit finden sich auf jeden Fall: 1 a // 8 a; die zwei Ortsbestimmungen
in 5. 9 a. 10 a // 9 b. 10 b, vgl. SEEBASS a. a. O. S. 84. b) Hier trete der Name Jethro
allein auf, während er sonst nur sekundär zum Titel »Schwiegervater des Mose« hinzugefügt worden ist. Aber wenn er sonst nur sekundär zugefügt wurde, warum
nicht auch hier? Der Zusammenhang bleibt auch dann noch verständlich. Gab es
aber zwei Quellen und gebrauchte E jenen Namen — J verwendet den Namen
Hobab (Num 10 29) —, warum sollte er dann bei der Vereinigung von J und E
nicht zur Verdeutlichung am Anfang von 9 a und 10 a zugefügt worden sein?

[73] Anders 19 18! Beide Erzählungen stimmen darin überein, daß Jahwe zu Anfang
seine vernichtende Macht zeigt und das Volk auf dem Höhepunkt der Bedrohung
durch sein Wort beruft (19 19 E; vgl. 19 9 a J 20 22 Bundesbuch). Daß 19 18 ebenfalls
eine Chaosoffenbarung schildert, zeigt deutlich ein sumerischer Text aus dem Anfang
des 2. Jt. bei A. HALDAR, The Notion of the Desert in Sumero-Accadian and
Westsemitic Religion, UUA 3 (1950) S. 15f.: Das »Wort« des Gottes macht die
Berge zunichte, läßt den Himmel erzittern und verursacht Erdbeben. Die Menschen,
die in diesem Bereich leben, kommen um. Es entsteht ein großes Chaos. — Vgl.
ferner a. a. O. S. 28: Der böse Sturm wird von Gott gerufen, die Erde erzittert und
wird von Erdbeben geschüttelt.

[74] S. KAISER a. a. O. S. 44ff.

[75] S. O. R. GURNEY in S. H. HOOKE, Myth, Ritual and Kingship (1958) S. 107.

Wettergottes, der nach ugaritischer Mythologie den Kampf mit dem Meer siegreich besteht. Die Verbindung liegt hier m. E. auf der Hand. — d) Nur in der Erzählung vom Meerwunder ist die Überlieferung von der Wolken- und Feuersäule ursprünglich[76]. Diese aber soll offenbar den Sinai repräsentieren[77].

8. Das kleine geschichtliche Credo liefert keinen Beweis dafür, daß der Sinai nicht mit den anderen Traditionen der Wüstenzeit zusammengehörte. Denn so wenig das Fehlen der Sinai-Tradition bis in die Spätzeit zu leugnen ist und als merkwürdiger Umstand bleibt[78], so wenig kann man daraus schon sichere Schlüsse auf ihre Verankerung in der alten Wüstenüberlieferung tun[79]. Zu den von mir[80] angeführten Gründen kommt, daß der Ursprung des Credo, wie oben dargelegt[81], im Bekenntnis von der Herausführung in das palästinische Land (Gebiet von Sichem) liegt, so daß die Landnahme sein Zielpunkt ist. Es liegt auf der Hand, daß die Befreiung aus Ägypten das unmittelbar dazu Analoge darstellt und sich zur Aufnahme geradezu von selbst anbot. Dagegen hat der Sinai ursprünglich kaum etwas mit dem Thema »Landnahme« zu tun. Wollte man aber das Schema des Credo weiter ausfüllen, so kamen nur Beispiele für die wunderbare Führung Jahwes in der Wüste in Frage[82]. Aber darunter konnte man die Sinaitheophanie unmöglich subsumieren[83].

9. Schließlich erhebt sich die Frage, ob die genannten Erzählungskomplexe durch getrennte Gruppen nach Palästina gebracht[84] und

---

[76] Die Wolkensäule des hl. Zeltes (Ex 33 9 f. Num 11 25 12 5. 10 Dtn 31 15) ist anderer Art. Zu Num 10 34 vgl. RUDOLPH a. a. O. z. St.; Num 16 10 ist P.

[77] Daß die Wolken- und Feuersäule Sinai und Meerwunder miteinander verbinden soll, vertrat besonders GRESSMANN a. a. O. S. 416 ff.; vgl. auch NOTH, Gesch. Israels S. 123 f.

[78] So v. RAD, Formgeschichte des Hex. a. a. O. S. 11 ff.; gegen A. S. v. D. WOUDE, Uittocht en Sinaï, Nijkerk o. J. (1961) S. 7 ff., der die Bedeutung der Credoformeln zu sehr abschwächt. M. R. hebt er jedoch hervor, daß die Analogie zum christlichen Credo insofern nicht stimmt, als im Credo Dtn 26 5 ff. nicht alle wesentlichen Inhalte genannt werden müssen.

[79] Vgl. die Kritik von A. WEISER, Einleitung in das AT, 4. Aufl. (1957) S. 75—79 und besonders von A. S. v. D. WOUDE a. a. O.

[80] A. a. O. S. 133 f.   [81] S. o. Teil I.

[82] Sie fehlen noch Jos 24 2 ff. Dtn 26 5 ff. und werden erst später eingefügt.

[83] Im Laufe der Zeit hat die Sinaitradition offenbar einen eigenen Schwerpunkt gebildet, indem sie den Kern für die Sammlung von Gesetzesmaterialien abgab. Demnach hat man es mit einer späteren Auseinanderentwicklung der Auszugs- und der Sinaitradition zu tun, nicht umgekehrt.

[84] So A. ALT, Der Gott der Väter, a. a. O. S. 51; »Was aber sonst von Traditionen aus der Wüstenzeit (scil.: Abrahams, Isaaks und Jakobs) erhalten blieb, sammelte sich zumeist im Kreise der Mosesagen, überlieferungsgeschichtlich also an einer ganz anderen Stelle.«

erst dort zu einer relativen Einheit verschmolzen worden sind[85] oder
ob sie auf eine einheitliche Trägergruppe aus der Wüstenzeit zurückgehen, die diese sukzessiv angewachsene und in ihren einzelnen Teilen
von ursprünglich getrennten Gruppen vertretene Tradition als Ganze
ins Kulturland mitbrachte[86] ? Für die zweite Lösung sprechen m. E.
zwei Gründe: a) Wenn die Annahme richtig ist, daß der beim Auszug
führende Gott der »Gott meines Vaters« der Mosegruppe war (Ex 3 6
15 2 18 4), dann bedeutet die Anwendung des Jahwe-Namens auf das
Meerwunder durch das wahrscheinlich sehr alte Mirjamlied (15 20 f.),
daß Auszugs- und Midianitertradition sehr früh mit der Sinaitradition vereinigt worden sind. Als Berührungspunkt ergab sich von
selbst der Gottesberg der Midianiter einerseits (3 1 4 27 18 5 24 13; vgl.
Num 11 33) und der Sinai andererseits, die topographisch in der
gleichen Gegend gelegen haben können[87]. — b) Offensichtlich sind die
Gesetzgebung von Mara (15 25 bα) und die Theophanie von Massa-
Meriba (17 6) zugunsten der Sinaitheophanie und -gesetzgebung
zurückgedrängt worden. Wahrscheinlich geht das auf eine Auseinandersetzung der Mosegruppe mit der Aaron-Gemeinschaft zurück[88].
In der Richterzeit hat umgekehrt der weit abgelegene Sinai (Jdc 5 4 f.),
soweit die alttestamentlichen Quellen uns Einblick gewähren, keine
solche Rolle gespielt, daß sich ein solcher Vorgang zu dieser Zeit
besonders nahegelegt hätte. Daher hat die Annahme mehr Wahr-

---

[85] So NOTH a. a. O. S. 48 ff.

[86] Damit wird selbstverständlich nicht abgestritten, daß die Wüstentradition Erweiterungen erfahren hat. Aber auch dann besteht m. E. noch ein Unterschied
zwischen Weiterbildungen typischer Mosetraditionen wie den Plagenerzählungen
Ex 6 2—13 16, der Mannasage Ex 16, den Sagen von Num 11 12 und 16, und der
Einführung ganz neuer, sakraler Gegenstände wie des hl. Zeltes Ex 33 7-11 Num
11 16. 25 12 4 f. und der Lade Num 10 35 f. 14 44. — ROWLEY, From Joseph to Joshua
S. 142. 146 A. 2 sagt m. R., daß Num 10 35 f. älteste Tradition sei, meint aber zudem,
daß Mose mit der Lade besonders fest verbunden sei. Weder könne die Geschichte
ihrer Herstellung freie Erfindung sein noch eine Übertragung von etwas, was ursprünglich dem Josua zugeschrieben worden sei. Dieser werde in Ex 33 11 mit ihr
verbunden. — Demgegenüber kann man nur feststellen, daß es eine Geschichte der
Herstellung der Lade in den alten Quellen nicht gibt, sondern nur die der Herstellung des hl. Zeltes, und Josua wird überhaupt nur mit diesem (Ex 33 11 Num
11 26-29 Dtn 31 14 f.) verbunden, jedenfalls im Pentateuch. Schließlich ist Num
10 35 f. nicht fest im Kontext verankert, vgl. SEEBASS, zu Num X 35 f., VT 14
(1964) S. 111 ff.; SMEND, Jahwekrieg und Stämmebund S. 57 f.

[87] Wenn der Sinai tatsächlich im Gebiet des heutigen Sinaimassivs gelegen hat, so ist
es wohl durchaus denkbar, daß beide Namen in der gleichen Gegend hafteten,
u. U. sogar beide am gleichen Berg, nur so, daß die jeweiligen Kultplätze nicht am
gleichen Ort lagen. Vgl. dazu auch NOTH a. a. O. S. 151 ff., besonders S. 153.

[88] S. SEEBASS a. a. O. S. 32 ff.

scheinlichkeit für sich, daß er sich aus wirklichen Gegensätzen der Wüstenzeit erklärt[89].

Es bleibt allerdings noch eine Tradition, in welcher Mose, der im übrigen fest zu den Traditionen der Wüstenzeit gehört, mit dem Thema Landnahme verbunden zu sein scheint, nämlich die Mosegrabtradition, und es erhebt sich die Frage, ob diese etwa einen Bezug zur Landnahme herstellt, der in den übrigen alten Wüstentraditionen nicht zu entdecken war.

§ 2. Die Mosegrabtradition

Die Erzählung vom Tod des Mose ist in mehreren Varianten überliefert: Num 27 12-23 Dtn 31 1-8. 14f. 23 32 48-52 34 1-9. Durchweg[90] handelt es sich um Dtr. und P, nicht aber um die alten Pentateuchquellen. Num 27 12-23 ist P. Dtn 31 1-8 Dtr. ist offenbar überarbeitet. 3b ist wegen der unverbundenen Stellung und der fast wörtlichen Übereinstimmung mit 3aα* Zusatz. Dasselbe gilt von 5. 6a, die eine dem Kontext fremde pluralische Anrede einbringen und zu 3a. 4 parallel gebildet sind. Sinn dieser Einfügung ist offenbar der Verweis auf das deuteronomische Gesetz und die Ermahnung des Volkes, nicht bloß Josuas (7a) zum Mutigsein. Aber auch 4 folgt nicht gut auf 3a. Es soll anscheinend das in 3a angekündigte Vernichten der fremden Völker exemplifizieren, und das geschieht mit einer typischen Dtr.-Wendung[91]. Schließlich stimmt 6b wörtlich mit 8a überein. Es soll wohl nach den vielen Zusätzen 3b-6 noch einmal das Motiv 3aα* bekräftigen, das ganz bewußt vor die Berufung Josuas 7f. gestellt worden ist[92]. Es bleibt daher: 1-3a. 7f., das vor allem durch die Wendungen in 3a. 7f. als deuteronomistisch gekennzeichnet ist[93].

31 14f. und 23 gehören offenbar zusammen, da nur 23 das ואצונו von 14 aufnimmt. 23 ist unbestreitbar Dtr.[94]. Dagegen paßt 14 gut zu Ex 33 11 Num 11 28f. J, wo Josua als Moses Diener am hl. Zelt gezeigt

---

[89] Vgl. auch K. H. Bernhardt, Gott und Bild (1956) S. 130f.: Das Zusammenwachsen verschiedener Pentateuchthemen im Lande sei deshalb unwahrscheinlich, weil das Siedlungsgebiet wenig Geschlossenheit hatte und daher wenig Anreiz zu Kontakten bot.

[90] Bis auf 31 14. 15b, die aber nicht über den Mosetod berichten, s. u.

[91] Der König Og ist überhaupt erst deuteronomistisch vgl. Noth, Überlief. gesch. Studien S. 35ff.; vgl. ferner שמד hif. bei Lisowsky, Konkordanz ad vocem.

[92] Bis auf 31 3a stimmt meine Analyse überein mit Noth a. a. O. S. 39.

[93] Vgl. שמד hif. und ידע in 3a; in 7f. bedarf es keines weiteren Beweises.

[94] Vgl. Noth, Üb. des Pent. S. 35 A. 126, s. die fast wörtlichen Übereinstimmungen in Jos 1 5b und vor allem Dtn 31 7.

wird[95]. Es ist nun nicht unwahrscheinlich, daß J und E eine Amtsübertragung von Mose auf Josua erzählt haben[96], und so könnte
31 14f. ein Bruchstück der entsprechenden J-Erzählung[97] sein. Da
dies jedoch das Einzige ist, was aus den älteren Quellen erhalten
blieb, wird man es wegen seiner geringen Auskünfte vorerst zurück-
zustellen haben.

Dtn 32 48-52 ist ganz von Num 27 12-23 abhängig und demgegenüber sekundär[98]. In Dtn 34 stammt 1 aα. 7-9 wohl aus P, 1 aα.γ. bα.
4-6 aus Dtr., und 1 bβ. 2f. ist wohl sekundäre Erläuterung des Landbesitzes zu 1 bα[99]. Die Überschau über die Quellen ergibt also, daß die
Mosegrabtradition selbst nur bei Dtr. und P überliefert ist[100]. Alte
Tradition ist in ihnen jedoch sicherlich insofern erhalten geblieben, als
Mose, wenn er auf den Gipfel des Pisga tritt, noch nicht im hl. Land
steht, sondern dies erst überschaut[101]. Das steht aber im Widerspruch
zu der dem Dtr. bekannten Lage, nach der Israel seine Wohnsitze
viel weiter nach Süden ausdehnen konnte und das Land bis zum *sēl
ḥēdān*, zeitweilig sogar bis zum Arnon besaß[102].

Läßt man die Berufung des Josua als grundsätzlich eigenständige
Erzählung beiseite, so ergeben sich zwei Aussagen der Mosegrabtradition:

1. Mose überschaut das Land, in das sein Volk ziehen wird, von
außerhalb. Nach D. DAUBE[103] bedeutet die Schau des Landes den
Rechtsakt der Darbietung eines Grundbesitzes, der mit diesem Akt
übereignet werden soll. Mose bekommt als Repräsentant und Mittler
des Volkes das Land übereignet, obwohl er selbst es nicht mehr betreten wird. Wie die Parallele beim Vater Abraham (Gen 13 14) zeigt,

---

[95] Bei J ist das Erscheinen der Wolke meist auf den Ort am Eingang des Zeltes beschränkt Ex 33 9f. Num 12 5, so auch Dtn 31 15b. Zu 15a vgl. Num 11 25.
[96] Zu E vgl. Ex 17 8ff. 24 13 32 17. Josua ist nirgendwo wirklich fest verankert, vgl.
K. MÖHLENBRINK, Josua im Pentateuch, ZAW 59 (1942/3) S. 14ff. gegen ROWLEY
a. a. O. S. 142. Das deutet darauf hin, daß jene Erwähnungen eine eigentliche
Josua-Überlieferung nur vorbereiten sollen. Was im einzelnen zu dieser gehört
haben wird, läßt sich nicht so unmittelbar sagen. Einige Vermutungen s. u. bei der
Analyse von Jos 24.
[97] Nur J erzählt vom hl. Zelt.
[98] Zum Beweis vgl. NOTH, Überlief. gesch. Studien S. 190f.
[99] Zur Analyse vgl. NOTH, a. a. O. S. 212f. mit Verweis auf C. STEUERNAGEL, Deuteronomium, 2. Aufl. (1923) z. St.
[100] Vgl. NOTH, Üb. des Pent. S. 187.
[101] So Num 27 12b Dtn 32 49b. 52b P; Dtn 31 2b 34 4 Dtr. — 34 1bβ ist Zusatz, s. o. im
Text.
[102] Ausführlich begründet bei NOTH, Israelitische Stämme zwischen Ammon und
Moab, ZAW 60 (1944/5) S. 19.
[103] Rechtsgedanken in den Erzählungen des Pentateuch, BZAW 77 (1958) S. 35; vgl.
schon GUNKEL, Genesis zu Gen 13 14; ebenso PROCKSCH u. v. RAD z. St.

ist der Sinn dieser Handlung die feste Verbürgung für den zukünftigen Besitz des Volkes und d. h. eine *Landverheißung*. Wie die Väter wird Mose noch der Landverheißung teilhaftig, auch wenn er selbst das Land nicht mehr betritt.

2. Mose stirbt außerhalb des verheißenen Landes. Dtn 31 2b 34 4 wird das bloße Faktum festgestellt. Dtn 3 26 gibt als Begründung an »um euret- (scil.: des Volkes) willen«, ohne näher auszuführen, was konkret gemeint ist[104]. Dtn 1 37f.[105] sagt, daß Jahwe Mose seit dem unglücklichen Ausgang der Kundschafter-Aussendung um des Volkes willen gezürnt habe, d. h. Mose sollte an dem Geschick teilhaben, das Jahwe damals über das Volk verhängt hatte (Num 14 11a. 23b. 24 J). P bietet schließlich als Erklärung, daß Mose Jahwe am Wasser von Meribat-Kades nicht verherrlicht habe (Num 27 14 Dtn 32 51 mit Verweis auf Num 20 12).

An Hand dieser Übersicht kann man noch deutlich den Gang der Überlieferungsbildung verfolgen. Ausgangspunkt war die Tatsache, daß Mose mit dem Kulturland nichts zu tun hatte, sondern außerhalb desselben geblieben war. Dies war für die Späteren ein schwer zu fassender Gedanke, da nach ihrer Anschauung das Ziel der Führertätigkeit des Mose die Landnahme war[106]. So erklärten sie sich diesen Umstand als göttliche Strafe, zunächst noch ohne ein Verschulden des Mose, der nur als Angehöriger der Wüstengeneration mit dieser außerhalb des Landes bleiben muß[107], und dann, bei P, mit Verschulden des Mittlers, wohl weil die Strafe als sehr groß erscheinen mußte.

Daher liegt der Erzählung im Ganzen das Motiv zugrunde, daß der Mittler der Wüstenzeit das Verlassen der Wüste und den Eintritt ins Kulturland legitimieren soll. Dem Mosevolk wird in der Person seines Mittlers das neue Land zugeeignet, auch wenn dieser selbst das Land nicht mehr betreten wird[108]. Daher gehören die beiden Motive »Schau des Landes« und »Tod des Mose außerhalb des Landes nach seiner Schau« unmittelbar zusammen, während die Grabtradition nicht das eigentlich Wichtige ist. Das aber kommt in der Über-

---

[104] So auch 4 21f., das offenbar ein Zusatz ist, vgl. dazu und zu 1 37f. Noth, Üb. des Pent. S. 187 A. 479.

[105] Es ist ein Zusatz, da es den Zusammenhang zwischen 36 und 39 unterbricht, s. vorig. Anm.

[106] So schon der Jahwist, vgl. Num 13f. 16.

[107] Es verhält sich also mit dieser Erklärung genauso wie mit der für den Umstand, daß das Volk nach dem Auszug aus Ägypten nicht direkt ins Land einwanderte, sondern erst lange in der Wüste blieb. Beide gehen von der Vorstellung aus, daß das Land die eigentliche Gabe Jahwes in der Vorzeit war.

[108] So mit E. Meyer a. a. O. S. 73; Noth, ZAW 60 (1944/5) S. 19ff.; Smend, Jahwekrieg und Stämmebund S. 88; gegen Noth, Üb. des Pent. S. 187ff.

lieferung selbst noch dadurch zum Ausdruck, daß sie den genauen
Ort des Mosegrabes gar nicht bestimmen kann. Ihr Interesse galt
nicht dem Ort des Grabes, sondern der Tatsache, daß Mose nicht mehr
das verheißene Land betrat[109].

So ergibt sich also, daß die Person des Mose selbst keine wirkliche
Beziehung zur Landnahme hat, sondern daß sie dazu dient, den Übergang des Mosevolkes in das Kulturland zu rechtfertigen[110]. Die Tradition selbst hat aber ohne Zweifel die Beziehung zum Land, und so
fragt man sich, ob es reiner Zufall ist, daß die Amtsübertragung von
Mose auf Josua in unmittelbarer Verbindung mit ihr erzählt wird[111].
Wie blaß ist die Aufforderung an Josua, mutig und unverzagt zu sein[112],
und wie stark die Schau, die Mose zuteil wird, obwohl nicht er, sondern
Josua das Land einnehmen soll! Ist nicht diese Tradition ursprünglich
eine *Josua*-Tradition, und erklärt sich nicht der eigentümliche Weg
von der südlichen Wüste ins Ostjordanland daraus, daß anschließend
der Einwanderungsweg der *Josua*-Tradition erzählt werden soll?
Mose als der Exponent der Wüstenzeit aber trat im entscheidenden
Moment der Einwanderung an die Stelle Josuas.

§ 3. Übereinstimmungen mit und Differenzen zwischen den Vätersagen und den Mosesagen

Bei aller Verschiedenheit, die noch näher zu erläutern sein wird,
gibt es in den Mosesagen eine Reihe von Zügen, die denen der Vätersagen sehr nahe kommen.

1. Jahwe ist ein führender Gott. Das kommt in der Auslegung
seines Namens durch אחיה (3 14 b), אהיה עמך (12) und אהיה אשר אהיה (14 a)[113]

---

[109] Damit entfallen die Erwägungen NOTHS a. a. O. S. 187f., die Möglichkeit einer
ursprünglich exakten Lokalisierung zu rechtfertigen.

[110] Die in der Mosegrabtradition bereits vorausgesetzte und nachträglich begründete
Einwanderung der Moseleute nach Kanaan wird letztlich aus dem gleichen Grunde
geschehen sein, der zur Einwanderung nach Ägypten geführt hatte, daß nämlich
die Wüste keine ausreichende Versorgungsmöglichkeiten mehr bot. Weiteres s. u.

[111] Num 27 15 ff. Dtn 31 7 f. 31 14 f. (J) Jos 1 nach Dtn 34.

[112] Dtn 31 7. 8 b Jos 1 6 f. In dieser Hinsicht ist auffällig, daß Jos 1 3 f. eine Art Wiederholung von Dtn 34 2-4 darstellt. Nur ist jetzt nicht mehr die Schau des Landes,
sondern das Begehen, also ein analoger Akt, im Blick. Wie sehr Beides zusammengehört, zeigt wieder Gen 13 14 f. 17. Die beiden Akte, die bei Abraham zusammen-
stehen, sind also zwischen Mose und Josua aufgeteilt.

[113] Diese Formel enthält wohl zugleich eine Machtaussage, wie die ägyptische Paral-
lele *wnn.j wnn.kwj* (Ausspruch eines Pharao gegen die Bedrohung asiatischer
Feinde) zeigt: »Ich bin (schließlich der) Ich (-seiende)«, bei A. ALT, ZAW 58 (1940/1)
S. 159f.

zum Ausdruck: Jahwe ist ständig bei seinem Volk und bei seinem Mittler. Er ist überall gegenwärtig und d. h. heilvoll anwesend. Das Volk soll noch sehen, heißt es 34 10[114], was Jahwe zusammen mit seinem Mittler tun wird. Diese ständige Präsenz Gottes beim Volk wird im Gottesstab (4 17. 20) sichtbar. Mit ihm soll Mose die Zeichen tun, die zeigen, daß Jahwe bei seinem Volke ist (4 17 17 7). So erweist sich die Führung Jahwes beim Meerwunder (15 21), in Mara (15 22-26) und Massa-Meriba (17 1-7) sowie bei der Einsetzung der Ältesten (18 19. 23).

2. Daß Jahwe nicht ortsgebunden ist, zeigt sich auch daran, daß er nicht nur an seinem Hauptkultort, dem Sinai, erscheint, sondern auch in Massa-Meriba (17 6) und daß sakrale Handlungen wie Gesetzgebung (15 25 b) und Gottesmahl (18 12) auch in Mara und am Gottesberg[115] stattfinden können.

3. Wie der Vatergott[116] sorgt Jahwe für die Seinen. Entsprechend den Bedürfnissen der eigentlichen Wüste erweist sich seine Fürsorge jedoch weniger an der Größe des Viehbesitzes wie bei den Vätern als am Zugang zu Wasserstellen in der Wüste. Diese sind Gaben Jahwes, sagen die Überlieferungen (15 23 17 7). Zu den Oasen gehören als sekundäre Gaben natürlich auch etwas Vegetation und vor allem ein paar Fruchtbäume (Num 20 5)[117].

4. Seine Fürsorge zeigt sich ebenso, wenn Feinde sein Volk bedrohen[118]. Das große Beispiel dafür ist das Meerwunder[119]. Da dies Ereignis als Endpunkt der Herausführung aus Ägypten ein besonderes Symbol des Jahwe-Kultes geworden ist, hat es sich dem Bewußtsein des Volkes fest eingeprägt[120].

5. Eine spezielle Übereinstimmung zeigen die Mosesagen mit den Abraham-Isaaksagen insofern, als sie teilweise gemeinsames Territorium berühren. Das gilt vor allem für die Umgebung der großen Oase von Kades (Gen 16 14 20 1; vgl. 14 7 Ex 17 7 Num 20 13 27 14) und den Bereich der Wüste Schur[121]. Ferner ist hier die Erinnerung an einen Zug nach und von Ägypten bewahrt (Gen 12 10

---

[114] Zur Ausscheidung der Dtr.-Elemente vgl. SEEBASS a. a. O. S. 15 A. 9.

[115] Als Kultort muß er wohl zunächst vom Kultort des Sinai getrennt vorgestellt werden, da die eigentliche Sinaitradition mit der Midianiterüberlieferung nichts zu tun hat, vgl. NOTH a. a. O. S. 151.

[116] Vgl. V. MAAG, Der Hirte Israels, Schweizer Theol. Umschau 28 (1958) S. 11 f.

[117] Im sekundären Bestand der Überlieferung ist dies Motiv um die Manna- und die Wachtel-Sagen erweitert worden (Ex 16 und Num 11).

[118] Vgl. MAAG a. a. O. für die Väterzeit.

[119] Weitergehende Erwägungen bei SMEND, Jahwekrieg und Stämmebund S. 79 ff.

[120] Dies Motiv wird durch die Erzählung Ex 17 8 ff. (E-Sondergut) ergänzt. Auf Grund dieses kriegerischen Zuges ergab sich die Beziehung zur Lade von selbst, Num 10 35 f.

[121] Gen 20 1 und Ex 15 22 f.; vgl. zum Ganzen NOTH a. a. O. S. 127.

26 2 46 1 b. 4 a)[122]. So wird verständlich, daß in dieser Tradition ein
Motiv Aufnahme fand, das seinen Ursprung wohl in den Mosesagen
hat. Am Anfang von Gen 22 (Isaaks Opferung) heißt es: Und Gott
versuchte (נסה) den Abraham. Dementsprechend geht die Erzählung
auf einen Ortsnamen aus, der den Namen Jahwes enthält: יהוה יראה
(14)[123].

6. Wie bei den Vätern enthält der Grundbestand der Mose-Sagen
bis auf die Auszugstraditionen nur Heiligtumssagen. Wenn in Mara
Satzung und Recht erteilt wird (15 25), so ist das wohl kaum denkbar
ohne irgendwelche kultische Folgen. In Massa-Meriba wird von einer
Theophanie (17 6) berichtet. Das bedeutet nichts anderes, als daß
dort dem Gott, der sich zu erkennen gegeben hatte, eine Verehrung
zuteil wurde. Am Gottesberg feiert der midianitische Priester mit den
Ältesten des Mosevolkes ein Gottesmahl. Das aber ist wahrscheinlich
als Eröffnung einer kultischen Gemeinschaft zwischen den beiden
Gruppen und nicht als einmaliger Akt zu verstehen. Im Zusammenhang mit dieser Gemeinschaft ist es anscheinend zu einer kultischen
Neuordnung des Mosevolkes gekommen, nach der die Ältesten das
Volk beim Gottesmahl ständig vertreten sollten (18 13 ff. 24 9. 11 b).
Für den Sinai liegt die kultische Funktion auf der Hand. All dies
setzt einen längeren Aufenthalt in der Wüste voraus, wie er ja auch
durch Jos 24 7 b Num 14 11 a. 23 b. 24 J Dtn 1 36 ff. 2 1-13. 14 ff. 8 2-4
bezeugt ist.

7. Wie die Vatergottverehrung hat sich die Jahweverehrung
anscheinend allmählich Kultorte angeeignet, die ihr ursprünglich
fremd waren. Denn Mara, Massa-Meriba und der Gottesberg sind

---

[122] S. Weiteres o. S. 39 ff.

[123] Zu diesem Ortsnamen vgl. NOTH a. a. O. S. 126. M. R. verzichtet NOTH a. a. O.
gegen die meisten Kommentare z. St. auf die Suche nach einem Ortsnamen, der in
22 14 verderbt sein soll, wie Jeruel o. ä. — NOTH a. a. O. S. 125 meint, Gen 22 1-19
stehe als E-Sondergut überlieferungsgeschichtlich abseits. Bei näherem Zusehen
stößt man jedoch auf eine höchst verwickelte Traditionsgeschichte, da die Erzählung mit der Isaak-Ismael-Sage zusammengehört. Beim Vergleich von Gen 16
und 21 8-21 fällt auf, daß der Gottesname und der Ortsname von Gen 16 13 f. in
21 8 ff. fehlen. Aber die exakten Parallelen dazu stehen in 22 1 ff.: Dem Ortsnamen
»Jahwe sieht« entspricht der Gottesname »El Roi«, der etymologischen Anspielung
22 8 die analoge Anspielung 16 13 b, vgl. auch 22 14 b. Auch das Land Morija gehört
in diesen Traditionskreis. Ferner läßt sich beobachten, daß 21 8-12 ein relativ
selbständiger Erzählungsteil ist, der seine Parallele in 25 5 f. 11 b J hat; denn nach
J wird nicht Ismael, sondern Hagar vertrieben, und erst von Nebenfrauen hat
Abraham Söhne, die er zugunsten des Erbes Isaaks vertreibt. Isaak aber läßt sich
in Beer Lachaj Roi (!) nieder. Schließlich besteht zwischen 16 6-12 und 21 14-21 nur
teilweise Übereinstimmung. Dagegen zeigen 21 14-21 und 22 3-13 viele Übereinstimmungen: Der einzige Sohn gerät in Todesgefahr; aber Gott öffnet der Mutter bzw.
dem Vater die Augen, so daß sie die Rettung in der Not erblicken.

wahrscheinlich ursprünglich selbständige Kultstätten gewesen[124]. Ein Unterschied zur Vatergott-Verehrung besteht jedoch darin, daß der Gottesname des ursprünglich fremden Kultorts nicht erhalten blieb, sondern von dem Jahwe-Namen verdrängt wurde.

8. Wie der Vatergott-Kult mit der Person des Vaters ist der Jahwe-Kult der Wüstenzeit besonders mit der Person des Mose verbunden. Zwar ist Mose Mittler zwischen Gott und Volk, während der Vater gleichsam seine Gruppe in sich enthält[125]. Trotzdem aber dominiert die Gestalt des Mose so stark, daß man die Wüstentradition als Mose-Sagen bezeichnen muß. Schon die Berufungssage zeigt die Verhältnisse deutlich: Zwar wird Mose für das Volk berufen, und die Berufung des Volkes ist von der des Mose nicht abtrennbar. Aber es ist nun doch speziell der Mittler, zu dem gesagt wird: Ich werde mit dir sein (3 10)[126] und: Das Volk soll noch sehen, was ich (Jahwe) mit dir zusammen tun werde (34 10). Es ist der Mittler, der in 17 1-7 (15 22 ff.) und 32 *1-29 die wahre Jahweverehrung repräsentiert und dessen Mittlertum dort geradezu das Thema der Erzählung bildet. Von der Gabe des Mittlers wird den Ältesten gegeben, als sie in ihre Funktion eingesetzt werden (Num 11 17 Ex 18 13 ff.)[127].

---

[124] Beim Gottesberg läßt sich das noch unmittelbar erkennen, da er die Kultstätte der Midianiter war. Für Massa-Meriba und Mara hoffe ich, das a. a. O. S. 32 ff. gezeigt zu haben.

[125] Ein Ansatz zur Differenzierung zwischen dem Vater und der Vatersippe findet sich beim Vater Israel, vgl. 31 13-16 und 35 2-4. Daher schafft dieser Unterschied keine grundlegende Differenz.

[126] Diese Zusage wird dann in 3 14 auf das Volk ausgedehnt.

[127] Man möchte hier fortfahren: Auf Grund des Eintretens des Mittlers für sein Volk erhält es Vergebung nach dem schweren Vergehen der Anfertigung eines Gottesbildes (Ex 32 30—34 10). Leider ist hier jedoch neben Dtr. nur noch J erhalten geblieben. — Meine Analyse von Ex 32—34 a. a. O. S. 40 f. 50 ff. 69—82 bedarf einiger Korrekturen: a) 32 24 kann wegen seiner Pointe »Ich warf das Gold ins Feuer: Da entstand dies Kalb!« (24 b) nur insgesamt zu Dtr. gehören, da man 24 a von der Fortsetzung nicht trennen kann. Aarons Entschuldigung schloß bei J mit v. 23, an den 25 gut anschließt: Die eigentliche Schuld wird dem Volk zugeschrieben. Immerhin ist Aaron dadurch schuldig geworden, daß er das Volk nicht im Zaum gehalten hat. — b) 32 32-34 ist Dtr. Die spätere Entstehung von 32 32 f. bewies O. Eissfeldt, Der Beutel der Lebendigen (1960) S. 27 f. Meine Interpretation von 32 32 f. 34 b im Verhältnis zu 32 20 (a. a. O. S. 51) trifft zwar wohl den Sinn von 32 f., kann aber 34 b nicht überzeugend anschließen. 34 b muß daher Überleitung zu 35 Dtr. sein. An 32 30 f. J muß sich unmittelbar 33 12 b. 13 a J angeschlossen haben. — c) Die Überlegungen a. a. O. S. 72—86 zur Einordnung von 15 22-26 gehen zu weit. 15 22-26 ist wohl eine selbständige Erzählung von einer Wasserheilung durch den Gottesstab. — d) Die E-Erzählung, die mit 32 20 sicher nicht am Ziel ist, muß der des J sehr ähnlich gewesen sein, bestand also wohl aus der Theophanieszene 33 21. 22. 23 a, die durch I Reg 19 8-13 als Gottesberg-Tradition erwiesen wird, und der Ausrufung des versöhnenden Gottesnamens, also wohl יהוה אל רחום וחנון. Die Ausrufung

9. Der Sinn der Einführung des Mose in die verschiedenen Heiligtumssagen ist ebenfalls der gleiche wie bei den Vätern: Offenbar soll er je den hl. Ort legitimieren bzw. ihn als solchen einsetzen. Ihm wird der Name Jahwes am Sinai offenbart (3 13-15 33 19), und er eröffnet den Kult (24 4-8). Durch ihn wird die bittere Quelle von Mara gesund, an der Jahwe Satzung und Recht gibt. Er eröffnet die Quelle am Felsen von Massa-Meriba, an dem ihm die Gotteserscheinung zuteil wird. Durch seine Beziehungen zum midianitischen Priester kommt es zur kultischen Gemeinschaft mit den Midianitern am Gottesberg, die der Anlaß dazu wird, daß Mose auf Grund eines von Gott autorisierten Spruchs des midianitischen Priesters eine neue Regelung für die kultischen Funktionen von 70 Ältesten trifft (18 13 ff. Num 11 *10 ff.). Am Sinai redet Mose mit Jahwe, und Jahwe antwortet (19 19. 9 a). Mose werden die hl. Tafeln ausgehändigt, die nach der Tradition von Jahwe selbst angefertigt und beschrieben sind (32 16 31 18 b), und zu diesem Zweck erhält er Zutritt zu Gottes paradiesischem Wohnsitz, wo er 40 Tage und 40 Nächte (24 18 b; vgl. 34 28 Dtr.) bleiben kann, ohne essen und trinken zu müssen. Überall ist es Mose, der Heiliges einsetzt und vermittelt.

Neben diesen parallelen Zügen sollen nun auch die divergierenden beachtet werden: 1. Der Gottesname Jahwe ist echter Eigenname, der der Vätergötter nicht. — 2. Im Jahwe-Namen findet sich nicht wie bei den Vätergöttern eine Beziehung zur erwählten Gruppe, sondern diese ist umgekehrt der עם יהוה[128]. — 3. Die Mosesagen können nie mit solchem Behagen vom Volk reden wie die Vätersagen vom Vater. Sie berichten, daß Jahwe sich auch gegen das Volk (Ex 15 22 ff. 17 1 ff. 32 1 ff.), ja gegen Mose selbst (4 13 ff.) durchsetzen mußte[129]. — 4. Damit hängt zusammen, daß die Erwählung in den Vätersagen nicht so schroff beschrieben wird wie in den Mosesagen. In jenen bekommt sie dadurch eine gewisse Strenge, daß der erwählende Gott gelegentlich selbst den eigentlichen Widerstand gegen die Erfüllung der Verheißung setzt (Gen 22 32 23 ff.). Aber das wird nicht wie in den Mosesagen mit der Aussage verbunden, daß das Volk seine Existenz vor Jahwe im höchsten Maße gefährdet hat (Ex 32) und deshalb hart bestraft wird. So steht die Erwählung in den Mosessagen allein auf

---

des Gottesnamens hat der Jahwist offenbar mit Motiven aus 3 13-15 neu gestaltet, vgl. a. a. O. S. 13 ff.

[128] Vgl. dazu jetzt die Studie von R. Smend, Die Bundesformel (1963).

[129] Vergleichbar sind bei den Vätern nur die Hemmungen, die der Erfüllung der Verheißung entgegenstehen. So bei Abraham die Stammuttersage, bei der das Leben Abrahams und damit auch die Verheißung großer Nachkommenschaft bedroht ist; die Opferung Isaaks, bei der der Verheißungsträger (22 12) aufs Spiel gesetzt wird; der Kampf am Jabbok für Jakob usw.

der Zusage, die im Jahwe-Namen selbst enthalten ist (3 14 f. 33 19)[130].
Über die Offenbarung des Chaos hinweg (19 16. 18) hat Jahwe durch
sein Wort (19 19) das Volk berufen. So ist Jahwe der schlechthin
machtvolle (3 14) und stets gegenwärtige Beistand. — 5. Zusammen-
fassend muß man wohl sagen, daß die religiösen Dimensionen der
Jahwe-Verehrung größer sind als die der Vatergottverehrung. Man
braucht nur daran zu erinnern, daß es in den Vätersagen nichts der
Sinaitheophanie[131] oder dem Meerwunder Vergleichbares gibt. —
6. Dagegen darf man nicht, was öfter getan wird[132], als Unterschied
annehmen, daß die Mosezeit vom Kampf gegen andere Götter bestimmt war, während er in der Patriarchenzeit noch keinen Platz
habe. Denn außer der isolierten Notiz Ex 12 12 P gibt es keinen Kampf
gegen fremde Götter. Das Bekenntnis Jethros am Gottesberg (18 11 a)

---

[130] Die Ausgestaltung der Formel אהיה אשר אהיה (3 14 a) durch die Formel אל רחום וחנון
in 33 19 a muß hier unberücksichtigt bleiben. — Neuerdings hat O. Eissfeldt, El and
Yahweh, JSS 1 (1956) S. 37 behauptet, Jahwe sei ursprünglich ein bizarrer und
gefährlicher Charakter, der erst durch die Eigenschaften Els, nämlich Barmherzig-
keit, Gnade, Langmut und Weisheit, wesentlich ergänzt und gemildert worden sei.
In dem Aufsatz »Partikularismus und Universalismus in der israelitisch-jüdischen
Religionsgeschichte«, ThLZ 79 (1954) Sp. 283f. sagt er sogar, der Gott des Alten
Testaments, so wie er vom Christentum aufgenommen und auf uns gekommen sei,
zeige in Wirklichkeit mehr die Züge Els als die Jahwes. — Diese Behauptungen
sind m. E. ganz und gar irreführend. Wenn Jahwe durch sein Erscheinen am Meer
sein Volk aus der Hand der Ägypter rettet, so erweist er sich nicht als bizarr, sondern
als mächtig, auch über die Chaosmacht des Meeres und so erst recht gegen Ägypten.
Als er seinem Volk trotz dessen Aufbegehren gegen ihn Wasser in der Wüste gab
(Ex 17), zeigte er große Langmut, und wenn er das Volk bei der Anfertigung des
Gottesbildes hart straft, so zeigt er nur, daß er zu seinem Gebot steht. Die eigentümlichen Sagen des Buches Numeri (Num 11 1-3. 4 a. 33 f. 12 10 ff. 16 28 ff.) aber
zeigen — in ihrer Härte den Lebensumständen des Nomaden durchaus vertraut —
daß Jahwe nicht mit sich spielen läßt — nicht zufällig stellt der Sinai den Einschnitt
dar. Übertragen gesagt, ist der Gott des Alten und Neuen Testamentes mit dem
Jahwe vom Sinai gleichgeblieben. Wie will man sonst die Härte der prophetischen
Verwerfungspredigt, wie die Kreuzigung des Jesus von Nazareth und wie die Verfolgung und das Leiden der christlichen Gemeinden und darüber hinaus der Mensch-
heit überhaupt begreifen und wie umgekehrt die Predigt von Gnade, Erwählung,
Rechtfertigung? Ohne Zweifel hat der Gott El in seinem Wesen zum Verständnis
des Gottes Jahwe beigetragen, aber doch nicht so, daß aus diesem etwas völlig
Anderes geworden wäre.

[131] Auch nicht die eigentümliche Theophanie Gen 15 die in der Radikalität ihrer Aussage allerdings dem Sinai nahesteht, was die Überlieferung vielleicht durch die
Ähnlichkeit der Theophanieform Gen 15 17 und Ex 19 18 (Backofen und Schmelz-
ofen) zum Ausdruck bringen will.

[132] So z. B. B. Gemser, God in Genesis, O. T. St. 12 (1958) S. 19 ff.; Y. Kaufmann,
The Religion of Israel, London (1961) S. 222 f., dagegen auch Eissfeldt, ThLZ 88
(1963) Sp. 484 f.

hat zwar andere Götter im Blick, setzt sich jedoch ihnen gegenüber nicht zur Wehr[133], sondern konstatiert einfach die Überlegenheit Jahwes. Mit Num 25 1-5 aber befindet man sich bereits im ostjordanischen Kulturland[134].

Überschaut man das vorgelegte Material an Übereinstimmungen und Differenzen, so drängt sich der Eindruck auf, daß in den Sagen der Wüstenzeit zwei Typen der Gottesverehrung miteinander vereint worden sind, nämlich die Vatergottverehrung mit ihren typischen Elementen und die Hochgottverehrung des Herrn vom Sinai, dessen Wesen unverkennbar im Meerwunder in Erscheinung tritt. Das aber ist auch das Bild, das die Überlieferung selbst bewahrt, und wenn ihre Erinnerung einigermaßen das Richtige trifft, muß der Berührungspunkt zwischen beiden Typen bei der Herausführung aus Ägypten und speziell beim Meerwunder liegen, da die Vatergott-Überlieferung nur in diesem Bereich auftritt (Ex 3 6 15 2 18 4). Es soll daher versucht werden, in aller Kürze ein Bild von den Ereignissen zu entwerfen, die hinter der Überlieferung stehen.

§ 4. Versuch einer geschichtlichen Auswertung der Mose-Traditionen

Um jedem Mißverständnis vorzubeugen, ist zunächst eine einschränkende Bemerkung nötig. Bei der folgenden Auswertung ist es nicht möglich, Vollständigkeit der Gesichtspunkte bei der Diskussion der Traditionen anzustreben. Vielmehr hält sie sich so eng wie möglich

---

[133] An diesem Punkt geht meine Interpretation a. a. O. S. 87f. u. ö. über den Text hinaus, wenn sie behauptet, daß Ex 18 11 a sagen wolle: Nur dieser eine Gott ist Gott. Wie die Parallelen aus Ugarit (Baal) und Babylon (Marduk) zeigen, gibt die Aussage nur her, daß es sich bei dem betreffenden Gott um einen Götterkönig handelt, also um einen besonders mächtigen Gott, nicht mehr.

[134] Es handelt sich sogar um einen Punkt, wo mehrere Kulturkreise zusammenstoßen, vgl. NOTH, Gesch. Israels S. 144. — Wenn an einigen Stellen bei den Propheten (Hos 2 10f. 9 10 Jer 2 2f. 3 4 Ez 16 1-14) die Wüstenzeit als die Zeit der glücklichen Verbindung zwischen Jahwe und dem Volk erscheint, während mit Betreten des Landes der Abfall zu fremden Göttern beginnt (Hos 11 1-3 9 10. 15 Hes 16 1-14, vgl. dazu R. BACH a. a. O., S. 22ff.), so ist damit wohl etwas Richtiges gesehen. Tatsächlich dürfte der Kult fremder Götter in der Wüstenzeit noch keine Rolle gespielt haben. — Wenn Hos 9 10 Ez 16 1-14 das Volk als ein köstliches Gut schildern, das Jahwe in der Wüste fand, so widerspricht das m. E. nicht den Wüstentraditionen. Denn Jahwe hat sich die Erwählung etwas kosten lassen, wenn er die Ägypter im Meer vernichtete, und er hat sein Volk in der Wüste reichlich beschenkt. Ein anderes Bild zeichnet erst J mit dem Motiv des Murrens in der Wüste, gegen BACH a. a. O. S. 18. 33f. Der Skopus der alten Sagen Ex 15 22 ff. 17 1 ff. ist ja nicht das Klagen des Volkes, sondern das herrliche Tun Jahwes, wie das »bis auf den heutigen Tag« im Segen der Quelle sichtbar ist.

an die vorausgegangenen traditionskritischen Untersuchungen. Das
bedeutet, daß hier nur einige Grundlinien sichtbar gemacht werden
können und sollen, die für die Auswertung in jedem Fall wichtig
sind. Dasselbe ergibt sich auch von einer anderen Seite. Für die Untersuchung sind fast ausschließlich Traditionen herangezogen worden,
die deshalb, weil sie doppelfädig überliefert sind, die höchstmögliche
Gewähr für hohes traditionsgeschichtliches Alter bieten. Diese Basis
ermöglicht nur ein Minimum an Auslegung; denn man kann ja nicht
ausschließen, daß das traditionsgeschichtlich nicht so alte Material
im einzelnen Nachrichten enthält, die für das geschichtliche Verständnis äußerst wertvoll sind[135].

Die historische Betrachtung muß wohl von dem Umstand ausgehen, daß die alten Mosesagen mit Ausnahme der Erzählungen vom
Auszug aus Ägypten Heiligtumssagen sind[136]. Die Vätersagen bieten
dazu eine direkte Analogie. Der Vater Israel wird aus Mesopotamien
heraus nach Kanaan zum Heiligtum von Sichem geführt. Die Jakob-
Gruppe hatte anscheinend Sichem und Bethel als kultische Haftpunkte im neuen Bereich. Das Einzugsgebiet dieser Heiligtümer aber
reichte bis ins Ostjordanland, und die Verbindungen der Jakobgruppe
reichten bis in das Gebiet der בני קדם[137]. Abraham ist von Gott aus
seinem Vaterhause geführt worden (Gen 20 13). Kultischer Haftpunkt
der Abraham-Isaak-Sagen ist das Heiligtum von Beerseba (21 33
26 24 f. 46 1 ff.). Aber das Wandergebiet ihrer Gruppe reicht weit in die
südliche Wüste hinein, bis nach Kades und Schur, bis zur Nachbarschaft mit Ismael am Beer Lachaj Roi (25 11 b)[138]. So hatte auch das
Mosevolk nach der Herausführung aus dem »Sklavenhause« seine
kultischen Haftpunkte in Mara, Massa-Meriba und am Gottesberg-
Sinai, wo es Berührungen mit den Midianitern gab. Aber das Wandergebiet wird wohl die ganze Sinaiwüste gewesen sein. Das »Land«, in
das es geführt wurde, war eben zunächst die Wüste selbst, und gefeiert wurde die Rettung aus Ägypten (18 4 b. 9 f.) und nicht die Verheißung großer Nachkommenschaft (Abraham-Isaak) oder die neuen
Landes (Jakob-Israel).

Diese Analogie hilft auch, die Verbindung der Mosegruppe mit
den Midianitern zu verstehen. Die Isaak-Gruppe hatte offenbar

---

[135] Z. B. ist wohl die Rolle nicht unwichtig, die Kades in den Landnahmesagen Num
13f. (13 26) und 20 1 aβ. 14 ff. spielt; ferner die Nachricht von einem Grab Mirjams
in Kades (Num 20 1). Vielleicht enthält auch das in Num 12 und 16 abgewandelte
Motiv eine richtige Erinnerung, daß Mose als die entscheidende Sakralperson der
Wüstenzeit schon in dieser selbst nicht ganz unangefochten war, vgl. J. WELL-
HAUSEN, Israelit. u. jüd. Geschichte S. 29 A. 4, und: Die Comp. des Hex. S. 107f.,
bei E. OSSWALD a. a. O. S. 51.

[136] S. o. S. 78f.

[137] S. o. S. 47ff.   [138] S. o. S. 77.

Verbindungen zum Heiligtum der Ismaeliter, dem Beer Lachaj Roi (Gen 25 11 b), und die Jakob-Gruppe hatte enge, verwandtschaftliche Beziehungen zu den בני קדם. Mit dem Aramäer Laban kann Jakob einen Vertrag abschließen, in dem sie beide den Gott ihres Vaters anrufen (Gen 31 53 a). So wird nun auch von Mose berichtet, daß er mit den Midianitern[139] verschwägert gewesen sei, und genau in diesem und nur diesem Zusammenhang wird der Auszug auf das Handeln des Vatergottes der Mosegruppe zurückgeführt (Ex 3 1-12 15 2 18 4). Diese Tradition bedeutet wohl zweierlei: a) Die Befreiung aus Ägypten geschah ursprünglich im Zeichen des Vatergottes der Mosegruppe[140]. b) Die eigentümliche Überlieferung von Moses Flucht zu den Midianitern *vor* der Herausführung und seiner Berufung an deren Kultort, dem Gottesberg, umschreibt wohl einfach die Erinnerung, daß die Mosegruppe *vor* ihrem Auszug aus Ägypten schon in verwandtschaftlicher Beziehung zu den Midianitern stand und zu dem Neuen seit der Befreiung aus Ägypten nicht der Erwerb dieser Beziehungen, sondern eigentlich und letztlich die Beziehung zu Jahwe und seinem Hauptkultort, dem Sinai, gehört[141].

Diese aber ist durch die prophetische Erkenntnis der Mirjam hergestellt worden, die in der Vernichtung der Ägypter durch das Meer

---

[139] NOTH, Üb. des Pent. S. 201 meint allerdings, daß die Verschwägerung mit dem midianitischen Priester letzten Endes wohl sekundär sei gegenüber der Erinnerung an die Begegnung mit Midianitern am Gottesberg. Ursprünglich sei nur die historisch wohl zutreffende Erinnerung daran, daß Mose eine ausländische Frau gehabt habe, wie die Varianten Num 12 1 und Jdc 1 16 (LXX) 4 11 erwiesen (a. a. O. S. 185). Aber Num 12 1 ist m. E. sicher apokryph, s. o. S. 64 A. 44, und die Pentateuchtradition kennt nur die Midianiter als Verschwägerte des Mose, nicht die Keniter. Eine Verbindung zwischen Midianitern und Kenitern aber wird man unschwer haben herstellen können.

[140] Vgl. K. T. ANDERSEN, »Der Gott meines Vaters«, a. a. O. S. 188.

[141] Damit gebe ich meine Interpretation der Gottesberg-Überlieferung in »Mose und Aaron, Sinai und Gottesberg« S. 83 ff. 134 ff. auf. Zwar ist m. E. Ex 18 11 a richtig gedeutet, wenn man es auf Jahwes Meersieg bezieht. Aber daß diese Aussage zum ursprünglichen Bestand von Ex 18 1-12 gehört, ist nicht wahrscheinlich. Am wahrscheinlichsten ist es wohl, daß Israel sie bewußt dem ausländischen Priester in den Mund gelegt hat, so wie der Pharao nach der späteren Tradition durch die Plagen gezwungen wird, die Übermacht Jahwes anzuerkennen, vgl. H. EISING, Die ägyptischen Plagen, in: Lex Tua Veritas (1961) S. 87. Ferner ist der eigentliche Skopus von Ex 24 9-11 die *communio* der Ältesten mit Gott, ausgedrückt durch die *visio dei* (10 J, 11 b E), und es ist fraglich, ob man dies Mahl mit dem Göttermahl nach dem Sieg über Jam bzw. die Tiamat in Ugarit oder Babylon vergleichen darf. Dem entspricht, daß weder in 24 9-11 noch in 18 12, wo das Mahl »vor Gott« viel eher die Gemeinschaft der Mosegruppe mit den Midianitern bestätigt als den Meersieg Jahwes ehrt, eine direkte Beziehung zum Meerwunder hergestellt wird.

die Hand des Jahwe vom Sinai entdeckte (Ex 15 20 f.)[142]. Das hat wohl
der Mosegruppe letztlich den entscheidenden neuen Impuls gegeben,
der ihre Wege auf die Dauer von denen der Midianiter trennen
mußte, und so finden wir sie in der eigentlichen Sinai-Überlieferung
bereits nicht mehr[143].

Diese Erkenntnis der Mirjam setzt voraus, daß Jahwe, der am
Sinai verehrte Gott, in seinem charakteristischen Wesen schon vor
dem Exodus bekannt war[144]. Durch Mirjams Prophetie wird nun der
Sinai zum Hauptkultort des Mosevolkes, und die Überlieferung läßt
keinen Zweifel daran, daß er das Zentrum der Jahweverehrung
war[145]. Die schon seit älterer Zeit bekannte Sinaitheophanie (19 *3-20 a)
wird jetzt auf das Mosevolk übertragen[146], und das Volk wird Jahwes
Volk[147]. Dabei übernimmt es die schon vorhandene Sakralgesetzgebung des hl. Berges[148], und in ihr spricht sich sogleich etwas von

---

[142] S. SEEBASS a. a. O. S. 131 ff.

[143] Die sogenannte Midianiter- oder Keniterhypothese entfällt auf Grund der Be-
rücksichtigung der Vatergott-Tradition. Denn die Einführung des Jahwe-Namens
in Ex 18 muß ja einem sekundären Stadium zugehören. Gegen ROWLEY, From
Joseph to Joshua S. 149 ff. K. H. BERNHARDT, Gott und Bild (1956) S. 125 ff.

[144] Die Prophetin Mirjam dürfte mit ihrer Person die ältere Verehrerschaft des Herrn
vom Sinai vertreten, s. o. S. 55 A. 221. — Die Annahme, daß Jahwe seit alters der
Berggott des Sinai gewesen sei und daß das Mose-Volk sich erst nach der Heraus-
führung seinem Kult angeschlossen habe, ist alt, vgl. WELLHAUSEN, Prolegomena
S. 349. — Die Tradition vom Bund am Sinai ist wohl jungen Ursprungs, mit
WELLHAUSEN a. a. O.; vgl. aber vor allem E. MEYER a. a. O. S. 542 ff.; W. BEYER-
LIN, Herkunft und Geschichte der ältesten Sinaitraditionen (1961) S. 57; SEEBASS
a. a. O. S. 114 f. Sicher aber bot die Sinai-Tradition Anknüpfungspunkte für die
Bundestraditionen, vgl. 24 9-11 und die Einrichtung eines Kultes für die hl. Tafeln
(32 16).   [145] S. o. S. 61 ff.

[146] Ich gebe damit meine Deutung der Stellung des Mose in der Sinaitradition auf,
a. a. O. S. 117 ff. Aus 20 19 E; 20 22 (Bundesbuch) geht hervor, daß es eine Erzählung von der Sinaitheophanie gegeben hat, in der Jahwe direkt mit dem Volk
geredet hat und nicht mit Mose (19 9a. 19 b). Diese letzteren Notizen dienen wohl der
Legitimation des Mose als Mittler (vgl. 19 9 a!). Mit SMEND, Jahwekrieg und Stämmebund S. 87 ff. sehe ich in Mose den charismatischen Führer seiner Gruppe beim
Exodus. Im Übrigen aber steht er den Vätern näher als den großen Richtern, gegen
SMEND a. a. O. Kriegerische Handlungen werden von ihm ja auch nirgends berichtet.

[147] Da die Sinaitheophanie im Jahwewort gipfelt (19 9 a J 19 19 E 20 22 Bundesbuch)
und die grundlegende Erkenntnis Jahwes tatsächlich im Meerwunder erfolgt sein
dürfte, ist es m. E. sehr gut denkbar, daß die Jahwe-Rede mit einer Formel wie
»Ich bin Jahwe, der dich aus der Hand Ägyptens rettete« (18 9 b. 10 vgl. 20 2 a) eröffnete wurde. Die Formulierungen von 18 9 b. 10 wirken dabei altertümlicher als
20 2 b; vgl. auch 18 4 b.

[148] Der Dekalog ist immer noch zu umstritten, als daß man in ihm mit Sicherheit die,
allerdings mit späteren Zusätzen und Abwandlungen überformte, grundlegende

dem gegenüber dem Vatergott noch anderen, gewaltigeren Wesen Jahwes aus. Denn so machtvoll er sich zugunsten des Volkes gegen die Ägypter erwiesen hatte, so erhaben bleibt er im Umgang mit dem Volk: Niemand bekommt Zutritt zum Erscheinungsort Jahwes (19 12. 13a), und als Vorbereitung für den Kulttag wird ausdrücklich die Reinigung des Volkes gefordert (10f. 14. 15a). Sicher gehörte zu dieser Gesetzgebung auch das Gebot, kein Gottesbild anzufertigen, da es in der Auseinandersetzung mit Aaron vorausgesetzt wird, und es liegt auf der Hand, daß es sich dem Bild der übrigen Forderungen ganz und gar einfügt: Von diesem erhabenen, übermächtigen Gott darf man sich kein Bild machen[149]. Jahwe kommt seinem Volk nicht im Bild, sondern im Wort des Zuspruchs (3 14) nahe.

An diesem Punkt ist es nun später zur Auseinandersetzung mit dem ursprünglich wohl selbständigen Mittler Aaron[150] gekommen. Welche geschichtlichen Verwicklungen zu dieser geführt haben, ist nicht überliefert. Erhalten blieb nur ihr Ergebnis, nach dem Aaron dem Mose, der inzwischen der Repräsentant des Jahwekultes geworden ist[151], als »Mund« untergeordnet und Mose dem Aaron als »Gott« übergeordnet worden ist (4 16b). Da diese Tradition ihre Verbindungen zu den Oasen Mara und Massa-Meriba hat, darf man wohl annehmen, daß diese Auseinandersetzung durch das immer stärkere Eindringen der Mosegruppe in den Bereich dieser Oasen zustande kam. Die Erzählung von dem Inhalt des Konfliktes aber ist an den Sinai selbst verlegt worden und hat so zu einer Bereicherung der Sinaitradition und des Kultes geführt (24 12-15a. 18b 31 18b 32 1-29).

Alles in Allem genommen, ist es nicht sehr viel, was man mit einiger Sicherheit über die historischen Tatbestände der Wüstenzeit

---

Überlieferung von dieser Sakralgesetzgebung ansehen könnte. E. GERSTENBERGER, Wesen und Herkunft des sogenannten apodiktischen Rechts im Alten Testament, Diss. Bonn (1961) weist nach, daß die apodiktischen Gebote in Du-Form der Paränese nahestehen, so wie sie in der Großfamilie geübt wurde. Er nimmt daher an, daß sie aus diesem Kreis heraus der Autorität Jahwes unterstellt worden sind und so Allgemeingültigkeit erlangt haben. Anders hat es sich wahrscheinlich nur bei den rein kultischen Verboten der Fremdgötter- und der Bilderverehrung verhalten. Sie unterstanden nach GERSTENBERGER a. a. O. S. 56ff. von vornherein der Autorität Jahwes.

[149] Vgl. das Buch von K. H. BERNHARDT, Gott und Bild (1956). Auch BERNHARDT leitet das Bilderverbot aus der Mosezeit her (a. a. O. S. 154). Wichtig scheinen mir die Bemerkungen a. a. O. S. 151ff. zum besonderen Verhältnis Israels zu seinem Gott.

[150] Vgl. SEEBASS a. a. O. S. 24ff.

[151] Gegenüber meiner Dissertation ist also die Einordnung der Auszugs- und der Midianiter-Tradition vertauscht. Die Reihenfolge Sinai-Tradition — Aaron-Tradition muß jedoch bleiben, da in der letzteren das Wesen Jahwes vom Sinai bereits scharf hervortritt.

sagen kann. Wir sehen Mose als den Führer seines Volkes beim Auszug aus Ägypten, seinerseits unter der Führung des Gottes seiner Sippe.
Während oder vor der Zeit seiner Bedrückung hatte das Volk Beziehungen zu den Midianitern aufgenommen[152], und es ist nicht un-
wahrscheinlich, daß die Verbindung zu diesen nomadisch und frei
lebenden Verwandten den Anstoß für die Flucht (14 5) gab. Bei der
Verfolgung durch die Ägypter kam es zum Meerwunder, das eine
ganz neue, religiöse Dimension eröffnete; denn in ihm erkannte die
Prophetin Mirjam die Hand des Gottes Jahwe, und so bekam das
Volk als eigentlichen kultischen Haftpunkt den Sinai als die Stätte
Jahwes, der nun schon nicht mehr der der Midianiter war. So war
Jahwe mit dem Vatergott der Mosesippe eins geworden. Unter der
Führung Jahwes drang das Volk in Gegenden vor, die durch reich
fließende Quellen (Mara und Massa-Meriba) das nomadische Leben
einer größeren Gruppe ermöglichten. Dabei kam es zu einem Konflikt
mit einer fremden Gruppe, die sich auf den Mittler Aaron zurückführte
und die dort ihre kultischen Haftpunkte hatte. Das Ergebnis war eine
Vereinigung beider Gruppen im Geiste der Führung des Mose, bei
welcher es zum ersten Mal zu einer scharfen »Äußerung« des Jahwekultes gegen ihm fremde Kultübungen kam (Ex 32). Auf die Dauer
aber drängte das Volk über die Oasen hinaus in einen Raum größerer
Lebensmöglichkeiten hinein und ging so im Volk Israel auf[153].

2. ABSCHNITT. DER BEGINN DER JAHWEVEREHRUNG IN DER GEMEINSCHAFT ISRAEL

§ 1. Der Landtag von Sichem

Jos 24 war für die Herausarbeitung des Vaterbekenntnisses schon
einmal kurz überschaut worden[1]. Die Analyse der Sichem-Bethel-
Sage, vor allem die Erkenntnis der Legitimation Jakobs durch den
sichemitischen Kult in der Gemeinschaft Israel, gibt den Anlaß, noch
einmal zu einer näheren Betrachtung von Jos 24 zurückzukehren.

---

[152] Da die Midianiter nach Gen 37 28. 36 (*text. em.*) Handelsbeziehungen zu Ägypten
unterhielten, macht die Annahme keine Schwierigkeiten, daß eine Berührung
zwischen dem Mosevolk und den Midianitern auch in Ägypten stattgefunden haben
kann. Auch die Flucht einzelner seiner Mitglieder zu oder mit den Midianitern aus
Ägypten wird sicher nicht unmöglich gewesen sein. Das ist wohl der Hintergrund
für die Erzählung Ex 2 15 ff.

[153] In welchen Bereich Palästinas die Mosegruppe einwanderte, kann man kaum mit
Sicherheit sagen. Neubegründete Vermutungen bei SMEND, Jahwekrieg und Stämmebund a. a. O. S. 79 ff.

[1] S. o. Teil I, 1. Abschnitt § 2.

Denn der Vergleich von Gen 33 20 35 2. 4 mit Jos 24 1-15 schien zu
lehren, daß Jos 24 erzählt, wie der Kult des El Elohe Jisrael der Kult
des Jahwe Elohe Jisrael geworden ist. Da dies Kapitel jedoch zu
mannigfachen Hypothesen geführt hat, sollen zuerst die der Genesis-
Überlieferung entsprechenden Motive näher aufgesucht und sicher-
gestellt werden, um so eine möglichst feste Basis für die weitere Interpretation zu bekommen.

Mit der neuesten, umfassenden Untersuchung von Jos 24[2] nehme
ich an, daß 25-27 relativ altes Überlieferungsmaterial wiedergeben,
so daß man bei ihrer Analyse einsetzen kann. 27 enthält offenbar zwei
parallele Aussagen: a) Der Stein ist Zeuge für die Jahweworte unter[3]
den am Bund Beteiligten; denn er hat die Worte gehört, die Jahwe
geredet hatte. — b) Der Stein ist unter den am Bund Beteiligten als
Mahnmal, damit das Volk seinen Gott nicht vergißt[4]. Die zweite Aussage erinnert unmittelbar an Gen 33 20. Danach erhielt die Massebe[5]
von Sichem den Namen »El Elohe Jisrael«. Jos 24 27 b mildert diese
Worte nur ab, wenn es sagt, der Stein sei לעדה für Jahwe, den Gott
Israels, um dem möglichen Mißverständnis »Stein = Gott Israels«
zu entgehen.

Aber auch 27 a ist eine Abwandlung von Gen 33 20. Der Stein
repräsentiert hier zwar nicht den Gott Israels selbst, wohl aber seine
Worte[6]; denn er hat die Worte mitgehört und ist als solcher ein Zeuge
in Israel. Nach 27 a ist der Stein also mehr als ein Mahnmal, aber doch
nicht mehr Träger des Gottesnamens. — Es kann nun nicht zweifelhaft
sein, daß 26 a zu 27 a parallel ist. Nach 26 a[7] ist die Repräsentanz der

---

[2] G. SCHMITT, Der Landtag von Sichem, (1964) S. 23 f.: 1. 25-27 bildeten die ältere
Schicht.

[3] M. E. liegt kein Grund vor, von einem Zeugnis gegen Israel zu sprechen. Es geht
zunächst einfach um das Zeugnis innerhalb Israels. So mit Luther: »Sihe/ dieser
Stein/ sol zeuge sein zwischen vns . . ./ und sol ein Zeuge vber euch sein/ . . .«,
gegen die Züricher Bibel.

[4] 27 b ist sicher nicht ein Dtr.-Zusatz, da sich dessen Sprachgebrauch nicht nachweisen
läßt, vgl. LISOWSKY, Konkordanz, ad vocoem שׂכה.

[5] So nach dem ursprünglichen Text, vgl. WELLHAUSEN, Comp. des Hex. S. 48.

[6] Man wird unmittelbar an die Gottestafeln Ex 32 16 erinnert, die statt des von
Aaron angefertigten Bildes Jahwe wirklich repräsentieren. Allerdings sind sie be-
schrieben, während der Stein nach Jos 24 27 a, Gen 33 20 näherstehend, die Worte
Jahwes nur »gehört« hat.

[7] Nach RUDOLPH, Der »Elohist« von Exodus bis Josua z. St. soll man 26 a als sekundär
ausscheiden, weil Josua hier dem Mose angeglichen werde. Aber das ist ein
traditionsgeschichtliches, kein literarkritisches Argument. Und ganz abgesehen
davon: wer wird eigentlich wem angeglichen, Josua dem Mose oder Mose dem
Josua? Die alte Sinaitradition kennt nur die von Gott selbst angefertigten Tafeln.
Erst die vom Kulturland beeinflußte Bundesbucherzählung 24 4-8 und danach
34 28 Dtr. sprechen davon, daß Mose das Gesetzbuch niederschreibt.

Gottesworte, wie 27a sie schildert, überflüssig, da sie im ספר תורת אלהים schriftlich festgehalten werden und dieses die Bezeugung der Worte in Israel übernimmt. Daher gehören offenbar 26a und 27b zusammen, weil nach 27b der Stein nur Mahnmal dafür ist, Gott nicht zu vergessen. Da 26b. 27a den Gottesnamen Jahwe, 26a aber den Namen Elohim verwendet, ergibt sich die Einteilung 26a. 27b einerseits, 26b. 27a andererseits.

Besondere Schwierigkeiten bereitet die Frage, welches die 27a erwähnten »Worte Jahwes« gewesen sind. Nach dem vorliegenden Text kann nur die Gottesrede 2-13 gemeint sein[8], da keine weiteren Jahweworte erwähnt werden. G. SCHMITT[9] versucht zu begründen, daß sie nicht die ursprünglich gemeinte Jahwerede gewesen sein könne, sondern eine ältere verdrängt haben müsse. Aber angesichts der Beziehungen, die sich zu Gen 33 20 35 2. 4 ergeben haben, muß man die Lösung in anderer Richtung suchen. Denn was Gen 35 3b als *confessio* Israel-Jakobs nur kurz anklingt (Gedanken an Hilfe in der Not und an die Führung in der Wüste) und was der Ben-Jisrael bei der Abgabe der Erstlinge ausführlich bekennt (Dtn 26 5 ff.), erscheint hier im Munde Jahwes als Führungsaussage. Es liegt also wieder eine Anknüpfung an die alte Sichem-Überlieferung vor. Denn was könnte den führenden Gott besser repräsentieren als die Erinnerung an seine Taten, durch die er sich als Israels Gott erwiesen hat? Basis des Bundes ist ja die Geschichte, die Israel mit diesem Gott erlebt hat[10], und so ist eben der »historische Prolog«[11] der beste Bürge für die weitere heilvolle Anwesenheit Jahwes bei seinem Volk. Im Einklang mit Gen 33 20 ist daher der Stein (Jos 24 27a) wirklich nur *Zeuge für die Anwesenheit Jahwes* bei seinem Volk[12]. Zeuge der *Verpflichtungen* ist ausschließlich das Volk selbst (22)[13].

---

[8] SCHMITT a. a. O. S. 24ff.

[9] Das entspricht seinem Bemühen a. a. O. S. 16ff. (im Gefolge älterer Arbeiten), die Jahwerede ganz in die Nähe ähnlich paränetischer Texte zu rücken, wie Jdc 6 8 ff. 10 11 ff. I Sam 7 8 10 17 ff. 12. Doch ist Jos 24 sicher kräftig überarbeitet worden, s. dazu gleich. — C. A. KELLER, Über einige alttestamentliche Heiligtumslegenden I, ZAW 67 (1955) S. 147 meint, 27a könne sich deswegen nicht auf 2-13 beziehen, weil darin keine Verpflichtung des Volkes enthalten sei. Aber davon redet 27a auch nicht.

[10] Das betont m. R. SCHMITT a. a. O. S. 52—71.

[11] S. dazu unten.

[12] Daher ist es unrichtig, hinter den אמרי יהוה Rechtssätze zu vermuten (so z. B. RU-DOLPH a. a. O. z. St.). M. R. hebt SCHMITT a. a. O. S. 76 hervor, daß Josua nach 25 in seiner eigenen Autorität Satzung und Recht erteilt und nicht in der Jahwes. Auch 26a spricht nicht dagegen. Vielmehr betrachtet es offenbar die Ereignisse von Jos 24 insgesamt als einen sakralen Rechtsakt, der als solcher schriftlich festgehalten wird. S. dazu unten.

[13] 22 ist also in keiner Weise zu 27 parallel.

Wie soll man aber verstehen, daß alle Aufforderungen zur Verpflichtung des Volkes von Josua und nicht von Jahwe ausgehen, in dessen Munde man sie eigentlich erwarten möchte? Oder, literarkritisch gesprochen: Wie erklärt sich der Bruch zwischen 2-13 und 14 f.? Die Antwort scheint mir höchst einfach: Mit 14 f. wird das alte sichemitische Ritual wieder aufgenommen. Die Aufforderung zum Ablegen der fremden Götter, einst von Israel seinem Hause auferlegt, ergeht jetzt in aktualisierter Form an das Haus Israel, das mit dem Gott Jahwe konfrontiert wird. Josua handelt hier also in der Nachfolge des Vaters Israel-Jakob (Gen 35 2)[14].

Vergleicht man diese Überlieferungszüge mit der Sichem-Bethel-Sage Jakob-Israels, so läßt sich der Schluß nicht umgehen, daß in Jos 24 ein analoger Vorgang geschildert wird. Der Gott Jahwe wird für die bereits *bestehende*[15] Gemeinschaft namens Israel zum legitimen Gott, indem auf ihn der seit alters bestehende Kult des Gottes Israel übertragen wird. — Zu klären bleibt aber, wie sich die Einzelheiten der Überlieferung zu diesem Grundmotiv verhalten. Das ist nun nicht länger möglich, ohne daß man die Schichten jüngerer Bearbeitung[16] abhebt, und so müssen jetzt Literarkritik und Interpretation Hand in Hand gehen.

Zum Ausgangspunkt der weiteren Untersuchung soll nicht der schwierige Text der Jahwerede 2-13, sondern die Schilderung der Vertragshandlung 14-24 gewählt werden. Zunächst ein Überblick über die verschiedenen Gesprächsgänge! Die Aufforderung Josuas für oder wider Jahwe beantwortet das Volk mit einer Rede, deren Aufbau höchst auffällig ist. Sie beginnt mit einer 15 a korrespondierenden Aussage (16). Dann folgt ein vollständiges Führungsbekenntnis (17. 18 a), das bezeichnenderweise bei der Herausführung aus Ägypten einsetzt und von da an der Jahwerede genau folgt: 17 a[17] = 5-7 a 17 bβ = 7 b

---

[14] Heißt es in dieser Nachfolge so betont: »Ich aber und mein Haus . . .« (15)?

[15] So m. R. Schmitt a. a. O. S. 89 ff. Allerdings wird man zugleich sagen müssen, daß bei der Einführung Jahwes in den Kult Israels dieses Israel höchstwahrscheinlich eine Erweiterung erfahren hat, und zwar mindestens um die Gruppe der ursprünglichen Jahwe-Verehrer. Wohl aber ist Jos 24 direkte Quelle nur für die Einführung des Jahwekultes.

[16] Daß man eine so grundlegend wichtige Tradition stark überarbeitet hat, kann nicht überraschen. Es zeigt nur, wie lebendig sie auch für spätere Zeiten blieb. Vergleichbar ist besonders Ex 32—34, aber auch Gen 15. — Strittig ist die Frage, ob die jüngere Bearbeitung im Wesentlichen aus Dtr. stammt oder ob Jos 24 nicht eher zu den Paränesen von Jdc 2—I Sam 12 Beziehungen haben, die man vielleicht nicht unbedingt zur letzten Stufe deuteronomistischer Bearbeitung rechnen muß, vgl. Schmitt a. a. O. S. 16 ff.; vgl. Seeligmann, VT 11 (1961) S. 214 A. 3, im Anschluß an (Y. Kaufmann und) G. v. Rad.

[17] Die beiden letzten Worte von 17 a und 17 bα sind sicher Zusätze, vgl. die LXX z. St.

17 bγ = 8-*11 18 a = 11 aβ. 12 a[18]. Die Antwort schließt mit einer 15 b korrespondierenden Aussage (18 b).

Das Kernstück des nächsten Gesprächsganges 19-21 ist offenbar 20[19], während 19 nur die Bedeutung von 20 unterstreicht[20]. 20 macht auf die Konsequenzen der Wahl Jahwes zum Volksgott aufmerksam: Hat man ihn erst einmal gewählt, so wird es Sanktionen nach sich ziehen, wenn man sich anderen Göttern zuwenden wird. Nachdem das Volk sich erneut zum Jahwekult bekannt hat (21), macht Josua das Volk zu Zeugen gegen sich selbst, daß es diesen Jahwekult in seinem Umfang und mit allen Konsequenzen erwählt hat (22). Darauf folgt die Wiederholung der Forderung 14 b, die sich in ihrer ersten Hälfte (23 a) gegenüber 14 bα stärker an Gen 35 2 anlehnt, während das 14 bβ Entsprechende (23 b) völlig abweichend formuliert ist. Die Antwort des Volkes (24) ist eine Wiederholung von 18 b, erweitert um die Formel 24 b. 23 f. *ist also offenbar eine Parallele zum ersten Gesprächsgang 14-18.*

Jüngere Bearbeitung im Sinne paränetischer Tradition finden sich m. E. an drei Stellen: 14 a. 19 b und 23 f. 14 a kommt offenbar zu früh, wie 14 bβ zeigt. Es ist einfach dessen ausführlichere Wiederholung mit paränetischer Zuspitzung, während 14 b. 15 ganz auf die Entscheidung für oder wider den Jahwekult beschränkt sind[21]. Die Formel אל קנוא (19 bα) kommt bis auf eine Ausnahme nur bei Dtr. vor[22] und steht parallel zu der bei ihm ganz ungebräuchlichen Formel 19 aβ[23], und 19 bβ hat eine wörtliche Parallele in Ex 23 31, also innerhalb eines eindeutig paränetischen Textes[24]. 23 f. ist eine Parallele zu 14-18, die die Verpflichtung auf den Jahwekult durch eine offensichtlich parä-

---

[18] Da 11 aβ. 12 a in der Jahwerede mit Sicherheit als Zusätze zu erkennen sind (zu ihrer Zusammengehörigkeit s. o. S. 5 f.), entfällt auch 18 a als Nachtrag. — 11 aβ hinkt offenbar nach. Zusammen mit 12 a hat er den Sinn, die 3 Kriegsepisoden 8. 9 f. 11 im Sinne einer kriegerischen Eroberung Gesamtpalästinas zu erweitern. Diese hatten jedoch den Sinn, die Macht Jahwes über die Götter des Landes zu zeigen, s. o. S. 8 A. 37.

[19] In 20 b stört וכלה אתכם, das den Parallelismus הרע — היטיב unterbricht.

[20] Die Antwort 21 betrifft offenbar 20 und zeigt so, daß 20 die eigentliche Aussage enthält.

[21] Anders NIELSEN a. a. O. S. 101. — Vgl. die ähnlichen Paränesen I Sam 12 14 I Reg 2 4 3 6.

[22] Oder אל קנא, vgl. Ex 20 5 34 14 Dtn 4 24 5 9 6 15 mit der Ausnahme Nah 1 2.

[23] Diese wird stets im Zusammenhang kultischer Heiligkeit gebraucht, vgl. Lev 11 44 f. 19 2 20 7. 26 21 6-8 Num 15 40 f. I Sam 6 20 Ez 38 7 Hos 11 9. Sie paßt daher ausgezeichnet zur Betonung des Kultischen in Jos 24.

[24] Nicht mit den gleichen Worten, wohl aber der Sache gleich findet man diese Aussage nach אל קנא im Dekalog, vgl. Ex. 20 5 Dtn 5 9.

netische Formel (23 b)[25] ersetzt. Aber auch das in der Antwort des Volkes überlieferte Bekenntnis 17 a. bβ.γ hat seine nächsten Parallelen in analogen Redestücken mit paränetischer Abzweckung in den Büchern Jdc—II Reg[26] und kann daher nicht zum ursprünglichen Bestand der Handlung gehören. Der Rest, also 14 b—16[27]. 18 b. 19 a. 20. 21 f., gibt diesen jedoch so wieder, daß sein Sinn ohne Weiteres erkennbar wird. Schwierigkeiten macht dabei nur noch das Verständnis von 19 a. 20[28].

Nach Schmitt[29] sollten diese Worte Josuas die Entscheidungsfreiheit des Volkes betonen. Josua warne das Volk; denn die Wahl Jahwes zum Volksgott könne das Unglück für das Volk bedeuten im Falle, daß es sich von Jahwe abwenden würde. — Im Lichte dessen, daß Jos 24 wahrscheinlich die Legitimation des Jahwekultes in Israel wiedergibt, kann man diese Interpretation präzisieren und, wie mir scheint, erst richtig einsichtig machen. Mit 14 b. 15 war das alte sichemitische Ritual in veränderter Form übernommen worden. Inhaltlich ging diese Aussage jedoch nicht über den Inhalt des Rituals in der Väterzeit hinaus. Denn das Ablegen der fremden Götter hatte den praktischen Sinn, Schutz vor ihnen und ihren Anhängern zu erlangen,

---

[25] Vgl. die Parallelen I Reg 8 58 11 2-4. — 22 b MT darf man daher nicht mit LXX streichen; denn MT bietet die *lectio difficilior*, und 23 f. setzt in jedem Fall nicht 22 a fort, sondern 13. — Nielsen a. a. O. S. 100 möchte 22 aus Dtn 31 29 ff. ableiten. Aber dort ist das Lied des Mose Zeuge in und gegen Israel. Das entspricht, wenn überhaupt, Jos 24 27, aber nicht 22. Die Zeugenschaft des Volkes gegen sich selbst ist zudem ein ganz singulärer Gedanke, vgl. Schmitt a. a. O. S. 14.

[26] Zu 17 a vgl. Dtn 20 1 Jdc 2 1 6 8. 13 I Sam 8 8 10 18 I Reg 12 28 II Reg 17 7. 36. — Zu 17 bβ vgl. Dtn 1 31 8 2. 4 (17 16). — Zu 17 bγ s. Dtn 29 15. — Auffällig ist, daß das Bekenntnis Gen 35 3 b insofern nahe steht, als es nicht die Landgabe, sondern den Einsatzpunkt des göttlichen Handelns und die Führung unterwegs betont. Es knüpft also ebenso wie 23 a an Gen 35 an. Gehörte *17 dann ursprünglich zu 24 b, das so betont mit den Worten einsetzt: »Jahwe unserem Gott...«?

[27] Nielsen a. a. O. S. 106 meint, daß auch 16 zu Dtr. gehört. Aber 16 b nimmt offenbar 2 (15) wieder auf, und 16 bβ (חליל) ist bei Dtr. ungebräuchlich. Mir scheint daher, daß man 16 trotz gewisser Übereinstimmungen mit Dtr. nicht als jüngere Überarbeitung ansehen darf.

[28] 19 a ist bei Dtr. ganz ungebräuchlich und in sich auch ein ganz ungewöhnlicher Gedanke. In 20 b sind die beiden Stichworte הרע und היטיב ebenfalls nicht für Dtr. charakteristisch, und 20 aβ knüpft an Gen 35 2 an. Nur 20 aα (und 16 aγ) stehen »Dtr.« recht nahe, vgl. Jdc 2 12 f. 10 6. 10. 13 I Sam 8 8 12 10 I Reg 9 9 11 33 II Reg 21 22 22 17. Ist das bereits eine paränetische Umdeutung? S. u.

[29] A. a. O. S. 38 f. — M. R. hat sich Schmitt gegen die Auffassung gewandt, daß 19 f. bereits exilische Erfahrungen voraussetzt, so Rudolph a. a. O. z. St.; Noth, Das Buch Josua z. St. Diese Auffassung wird m. E. allerdings durch die Zusätze 19 b und וכלה אתכם (20 bα) nahegelegt, obwohl auch sie nicht unbedingt exilisch sein müssen, sondern u. U. nur die Tätigkeit des großen Propheten voraussetzen.

bedeutete aber, wie die Parallelen zeigen, nicht unbedingt eine prinzipielle Absage an andre Götter überhaupt[30]. Für Jahwe gibt es aber keine verwandten Götter, sondern nur fremde Götter. In diesem Sinne wird also, dem neuen Wesen Jahwes entsprechend, das alte Ritual erweitert und präzisiert. »Ihr könnt Jahwe nicht dienen; denn es ist bei euch üblich, anderen Göttern auch zu dienen. Dann aber wird Jahwe auf dem dargelegten Heilsweg umkehren und Übles über euch bringen, nachdem er euch Gutes getan hat.« So etwa müßte man 19 a. 20 sinngemäß wiedergeben. Es dient offenbar als »Reizfrage«[31], die das Volk zum Kult für Jahwe allein verpflichten soll[32].

25 geht ebenfalls über Gen 35 2-4 hinaus. Die Idee des Bundesschlusses war in Sichem wohl durch den kanaanäischen[33] El Berith[34] (Jdc 9 46) schon seit älterer Zeit verankert. Ihr dürften prinzipiell Bestimmungen gesetzlicher Art nicht fremd sein[35]. Es ist nun sicher kein Zufall, daß Bund und Gesetzgebung neben dem alten Ritual erst bei der Identifikation Jahwes mit dem Gott Israels auftauchen und nicht schon in der Väterzeit[36]. Denn die Beziehung zur Gesetz-

---

[30] S. o. S. 29.   [31] So Schmitt a. a. O.

[32] Auch von dieser Seite könnte man daher erwägen, ob 16 aγ. 20 aα nicht Zusätze im Sinne eindringlicher Paränese darstellen; denn das Gemeinte tritt viel klarer hervor, wenn sie wegfallen. S. o. S. 92 A. 28 — Die Verschärfung des alten Rituals führt offenbar in die Nähe des ersten Gebotes. Nun ist in der Wüstenzeit mit Sicherheit nur das Bilderverbot bezeugt (s. o. S. 86), nicht aber der Kampf gegen andere Götter. Dieser scheint erst im Kulturland begonnen zu haben. Ferner wird man sich das Ablegen fremder Götter so vorzustellen haben, daß kleine Figuren von ihnen vergraben wurde, s. o. S. 29. Dann liegt der Gedanke nahe, daß das erste Gebot aus dem Zusammentreffen von Bilderverbot, das ja von vornherein eine große Zahl fremder Götter ausschloß (vgl. R. de Vaux, Das AT und seine Lebensordnungen II, 1962, S. 86f.), mit dem sichemitischen Ritual entstanden ist. Ähnlich de Vaux a. a. O. — Wie nahe sich die beiden ersten Gebote stehen, zeigt noch die Dtr.-Bearbeitung der Dekaloge Ex 20 4-6 Dtn 5 7-10, vgl. W. Zimmerli, Das zweite Gebot, Festschr. A. Bertholet (1950) S. 550ff.

[33] In der israelitischen Tradition kommt der El Berith erst nach dem Josuabund vor.

[34] Oder Baal Berith Jdc 8 33b 9 4. Der Name Baal für Jahwe war bekanntlich bis z. Z. Sauls und seiner Söhne nicht unbedingt anstößig, wie Reste der AT-Überlieferung noch zeigen, vgl. Köhler, Lexicon S. 138.

[35] So mit R. de Vaux a. a. O. S. 113. — Schmitt a. a. O. S. 87ff. macht darauf aufmerksam, daß der Name El Berith nur bedeuten könne: El, der einen Bund (mit seinem Volk?) hat, vgl. die Parallele Baal Berith (»Eigentümer eines Bundes«) und nicht: El, der einen Bundesschluß garantiert. Denn bei Vertragsabschlüssen werden stets alle möglichen Götter angerufen, vor allem natürlich die der vertragschließenden Parteien. Ferner genießt ein Gott, der bei einem Vertragsabschluß angerufen wird, bereits Verehrung, so daß sein Ansehen nicht aus der Bundesgarantie erwächst, sondern umgekehrt.

[36] Rowley, From Joseph to Joshua S. 128 meint freilich, daß der Bundesschluß von Jos 24 aus einem älteren Bund zwischen Kanaanäern und Israeliten zu erklären sei,

gebungstradition der Wüstenzeit ist ja nicht zu übersehen[37]. Auch in diesem Punkt wird also das andersartige Wesen Jahwes zum Ausdruck kommen[38].

In der eigentlichen Bundesschlußerzählung läßt sich so noch relativ leicht ein älterer Text herausstellen. Bei der Jahwerede 2-13 scheint das, abgesehen von einer Reihe sicherer Zusätze[39], viel schwieriger zu sein. Beobachtungen zur Darstellung der Väterzeit hatten jedoch gezeigt, daß sich wenigstens dort ein älterer Text aufspüren läßt, der nur von der Herausführung des Vaters aus Mesopotamien, seiner Wanderung in Kanaan, der Vermehrung seiner Nachkommenschaft und seiner Abwanderung nach Ägypten sprach[40].

Höchst merkwürdig ist aber auch die Wiedergabe der Ereignisse beim Exodus (5-7). Ohne jede Motivation setzt der Text bei den Plagen ein. MT mildert das, indem er die Sendung Moses und Aarons einfügt[41], während die LXX auf Dtn 26 6a zurückgreift. 5a ist daher wohl sicher ein Nachtrag[42]. Der ursprüngliche Text muß mit der

---

und denkt dabei an die Überlieferung von Gen 34. Ferner findet er den Namen El-Berith nach dem Bundesschluß Josuas nicht erklärbar. In dem älteren Bund zwischen Simeon-Levi und Sichem sei er glaubhafter. »... the story of Josh. xxiv would hardly account for the later references to El-Berith or Baal-Berith, since the Israelite God Yahweh does not figure in this name.« Aber El konnte Jahwe immer und Baal wenigstens bis zur Zeit Sauls und seiner Söhne bezeichnen. Ferner wird die Abmachung in Gen 34 nicht als Bund bezeichnet, und nach der Sage selbst geschah sie überhaupt nur in hinterlistiger Absicht. Daher kann man sich auf Gen 34 nicht berufen. Ein Bund zwischen Sichem und den Israeliten mag zwar sehr wohl stattgefunden haben; aber er würde kaum helfen, Jos 24 zu verstehen. Gen 33 20 35 2-4 einerseits und die Jahwetradition der Wüstenzeit andererseits genügen dazu vollkommen.

[37] Vgl. Ex 15 25 b und die Gesetzgebungstradition vom Sinai (s. o. S. 85f.). Zur Bundestradition s. o. S. 85 A. 144.

[38] Vgl. dazu auch Noth, Das Buch Josua S. 139.

[39] 2 aβ (Therach usw.). 7 aβ. 8 bβ. 11 aβ (die Völkerliste). 12. 2 aβ klappt offenbar nach. 7 aβ ist eine stehende Redewendung Dtr.s, vgl. Dtn 3 21 4 3. 9 10 21 11 7 29 3. 8 bβ kommt zu spät und ist ebenfalls typisch für Dtr. (vgl. Noth a. a. O. z. St.). 11 aβ klappt nach, und 12a gehört mit diesem zusammen, s. o. S. 91 A. 18: 11 aβ. 12 a bilden die Einleitung zu 13. Denn die kriegerischen Episoden bleiben bei Jericho stehen, während das ganze übrige Land unberücksichtigt bleibt. Dem helfen jene beiden Elemente ab. — 12 b will dagegen 12 a offenbar auf die Erzählung Jos 2 6 bezogen wissen, nach der die Bewohner von Jericho ein Gottesschrecken befallen hatte und die Stadtmauern ohne menschliches Zutun umstürzten. 12 b, das auf Gen 48 22 anspielt, fällt aber schon durch seine singularische Anrede aus dem Kontext heraus.

[40] S. o. S. 10. — Es handelt sich um 2 (ohne 2 aβ). 3a. bα (ohne »Abraham«) 4 bβ. Die Söhne (4 bβ) sind die Stammeseponymen, zu deren Zahl auch 3 bα paßt, nicht aber zur Folge Abraham-Isaak.   [41] Zur Textkritik s. o. S. 5f.

[42] Dafür spricht auch die Wendung: »... wie ich es in seiner Mitte tat«, der stilistisch Dtn 3 2 4 3 7 18 (!) 11 3-7 29 1 Dtr. nahesteht.

Herausführung selbst eingesetzt haben, die einer Einleitung nicht bedurfte, und das um so weniger, als der Skopus der Darstellung offenbar beim Meerwunder liegt, für das die einzig notwendige Voraussetzung eben die Herausführung ist.

Mit 5 b. 6 folgt ein sichtlich doppelt erzähltes Stück: 5 b. 6 aβ/ 6 aα. b. — 5 b gehört aber unverkennbar zu 5 a, und 6 aβ wird offenbar von 7 aβ Dtr. fortgesetzt. Daher kann nur 6 aα. b den älteren Text bewahren[43]. Mit 7 aα steht man vor einer *crux interpretum*. Sie löst sich, wenn man annimmt, daß die Worte »Und sie schrien zu Jahwe« von einem frühen Leser aus verwandten Stellen[44] an den Rand geschrieben wurden und so in den Text eindrangen (7 aαא). Die unmittelbare Fortsetzung (7 aαב) gehört wieder zur Übermalung 5. 6 aβ. 7 aβ[45], und nur der Schluß (7 aαג), der unter dem Einfluß der Randnotiz umgestaltet ist, bewahrt den ursprünglichen Text: »Und 'ich' brachte über es (scil. Ägypten) das Meer, so daß es jenes bedeckte«. Betrachtet man nun die Schilderung der Wüstenzeit nach diesem älteren Text[46] im Lichte der alten Überlieferung aus der Wüstenzeit selbst, so wird man sagen müssen, daß sie in aller Kürze gar nicht sachgemäßer hätte zusammengefaßt werden können. Denn durch das Meerwunder war es ja erst dazu gekommen, daß das Mosevolk Jahwe erkannt hatte, und so liegt auch in Jos 24 der Ton auf dem Meerwunder und noch nicht, wie sonst üblich, auf der Herausführung[47]. Andererseits geschah die Führung aus Ägypten unter dem Zeichen des Vatergottes der Mosegruppe, und beim Meerwunder lag der Einheitspunkt der beiden Typen der Gottesverehrung. Der Gott der schon bestehenden Gemeinschaft Israel aber war ein Vatergott, so daß die Übereinstimmung der Vater- und Mose-Tradition an diesem Punkt wirklich deutlich gemacht werden konnte, und das gilt um so mehr, als eine Übereinstimmung zwischen Mosevolk und Israel darin bestand, daß sie beide aus einem fremden Land geführt worden waren. Daher war dies Ereignis dafür prädestiniert, sowohl das für das Mosevolk in der Wüstenzeit entscheidend Neugewonnene zu repräsentieren, wie die

---

[43] Gegen RUDOLPH a. a. O. z. St.; NOTH a. a. O. z. St.; SCHMITT a. a. O. S. 10f.

[44] Vgl. Dtn 26 7 I Sam 12 8. — Der Einfluß von I Sam 12 8 war schon bei der »Sendung von Mose und Aaron« (so 5 a MT) aufgefallen, so daß die Annahme einer Randlesart keine Schwierigkeiten schafft.

[45] Nicht die Väter, sondern die Hörer selbst sollen ja die Beteiligten sein.

[46] Also 6 aα. b. 7 aαג. b.

[47] Das gilt, abgesehen von den Rekonstruktionen, noch vom gegenwärtigen Text und spricht entschieden dafür, daß mit dieser Schilderung alte Überlieferung erhalten blieb. Dasselbe trifft aber auch für 7 b zu. Außerhalb von Jos 24 blieb nur die Überlieferung vom Aufenthalt in der Wüste für die Dauer einer Generation erhalten (Num 14 Dtn 1f. 8 2-4). Hier ist noch keine derartige zeitliche Grenze angegeben. — Mit Dtn 1 46 a hat Jos 24 7 b nichts zu tun, s. o. S. 67, A. 59.

Verbindung zu der eigentlichen Tat des Gottes Israels, der Hineinführung nach Kanaan, herzustellen. So brauchten sachgemäß über die
Wüstenzeit nur diese zwei Dinge gesagt werden: a) Herausführung,
im Meerwunder gipfelnd. b) Lange Zeit der Wüstenwanderung[48].

Die Jahwerede schließt mit drei Landnahme-Episoden[49], nach
denen die Landgabe selbst (13) wie etwas demgegenüber Neues und
Abschließendes folgt. Es fällt aber auf, daß es in 15a heißt: ».. . entweder die Götter . . . jenseits des Stromes oder die Götter des *Amoriters*, in dessen Lande ihr wohnt.« Vom Amoriter war vorher, abgesehen von den sekundären Stellen 11aβ und 12a, nur in 8aα die
Rede, und das Land des Amoriters wird überhaupt nur dort erwähnt.
Es hat daher den Anschein, als habe die Jahwerede ursprünglich mit
8aα[50] abgeschlossen und sei erst sekundär um Jahwes Kriegstaten erweitert worden[51]. Dem entspricht, daß nach diesen nicht eigentlich
von der Übereignung des Landes an Israel, sondern von der Qualität
dieses Landes die Rede ist (13), so daß man seit 8 mit dem Thema
»Landgabe« konfrontiert wird[52]. Im Rahmen der gegenwärtigen
Untersuchung braucht uns 8-13 daher nicht weiter zu beschäftigen[53].

---

[48] Es liegt auf der Hand, daß die Sinaitradition in diesem Rahmen gar nicht passen
würde. Außerdem ist wirklich das Wesentliche mit der Meerwunder-Überlieferung
gesagt worden.

[49] 8a. bα. 9f. 11aα. b.

[50] Ohne die Worte בעבר הירדן.

[51] NIELSEN a. a. O. S. 98 hat erwogen, ob 8aα. β. 12aα nicht den ursprünglichen Text
darstellen. Aber 12aα gehört mit der Völkerliste 11aβ zusammen, s. o. S. 5f und S. 91,
A. 18. — 8-13 ist so stark mit Dtr.-Motiven durchsetzt, daß die Ablösung der jüngeren Bearbeitung m. E. kaum noch möglich ist. Schon die Bezeichnung der Ost-
jordanier als Amoriter gehört dazu, vgl. NOTH a. a. O. S. 137. Die Wendung ואשמידם
אותם in 8b gehört zu Dtr., die beiden letzten Worte in 9b und 10a. bα haben eine
nahezu wörtliche Parallele in Dtn 23 5b. 6a und 13 in Dtn 6 10f. 9aβ führt Israel
plötzlich in 3. Person ein; aber diese Konstruktion wird nicht fortgesetzt. 10bβ
klappt nach und macht den Eindruck, als stünde es an Stelle von 10a. bα als kürzere
Variante. Soll man daher in 8a. bα. 10bβ. 11aα. b einen vordeuteronomistischen Text
erkennen? Aber 13 Dtr. wird man als Abschluß nicht entbehren können, da 11b
dazu nicht geeignet ist, und so wird wohl ganz 8aβ-13 zu Dtr. gehören.

[52] Vgl. auch S. 8, A. 37.

[53] Vielleicht gehörte zu den Motiven, die zur Einfügung der Landnahmeepisoden
führten, auch die richtige Erinnerung daran, daß die Landnahme jedenfalls teilweise kriegerische Züge hatte, vgl. die vorsichtigen Erwägungen von O. EISSFELDT,
Die Eroberung Palästinas durch Altisrael, WO 2 (1955) S. 158ff. Die Landnahme
wird ja kaum in allen Teilen des in sich stark zergliederten Landes gleich ausgesehen
haben. G. E. MENDENHALL, The Hebrew Conquest of Palestine, BA 25 (1962)
S. 66ff. meint allerdings, ein Verständnis der »archaeological evidence of destruction«
und der »biblical narratives« gefunden zu haben, die alle älteren Theorien erledigt,
und nennt insbesondere die Ansicht, daß sich die zwölf Stämme aus nomadischen
Einwanderern zusammengesetzt haben, »indefensible« (S. 71). Eine Einwanderung

Damit überschaut man nun das, was sich an älterem Text noch aus der gegenwärtigen Überlieferung von Jos 24 erheben ließ. Über-

---

läßt er bloß für die aus Ägypten kommende Gruppe gelten (S. 73 ff.), während die Einwanderung der Stämme im Zusammenhang mit den Völkerverschiebungen zwischen 2300 und 2000 v. Chr. zu sehen sei (S. 84). Im Übrigen deutet er die Eroberung des Landes als Auflehnung der vormals abhängigen Ḫapiru/Hebräer gegen ihre städtischen Oberherren, die weithin zu deren Beseitigung führte. Den Impuls zum Zusammenschluß und zur Auflehnung aber gab der Gott Jahwe, der eine Gruppe in ähnlicher Lage (Abhängigkeit in Sklaverei) befreit hatte (S. 74). Unterstützung für diese These findet MENDENHALL in den Amarnabriefen (S. 72 f. 77 f.), nach denen die ʿApiru im wesentlichen Rebellen gegen die politische Oberhoheit der Ägypter gewesen sind, von denen nirgends gesagt werde, daß sie aus fremdem Gebiet stammten oder von dort Zuzug erhielten (Vgl. E. F. CAMPBELL, The Amarna Letters and the Amarna Period, BA 23, 1960, S. 14 ff. 18 ff. CAMPBELL's Artikel ist von MENDENHALL inspiriert, s. S. 14 A. 21). — Daß die Einwanderung der israelitischen Stämme im Zusammenhang mit den Völkerverschiebungen zwischen 2300 und 2000 v. Chr. zu sehen sei, wird man kaum diskutabel nennen können. Ebensowenig scheint es glücklich, die israelitischen Stämme im Wesentlichen als ʿApiru anzusehen, die vormals städtischen Oberherren untertan waren, weil das Problem der ʿApiru in sich selbst schon reichlich kompliziert ist und der Terminus עברים in der altisraelitischen Überlieferung nur einerseits bei der Bedrückung in Ägypten und andererseits z. Zt. der Philisterherrschaft und der Königserhebung Sauls auftritt. Erwägenswert sind aber m. E. die Überlegungen zum politischen und sozialen Status der Stämme bei der Annahme des Jahwekultes. Denn die Stämme Issachar und Sebulon befanden sich wahrscheinlich in der Frühzeit unter der Oberhoheit phönizischer Städte (vgl. NOTH, Gesch. Israels S. 76 f.), Ruben, Simeon und Levi waren fast völlig aufgerieben (a. a. O. S. 69 f.) und Juda hatte sich, ob notgedrungen oder nicht, mit kanaanäischer Nachbarschaft in der Schephela assoziieren müssen (a. a. O. S. 56). Diese sechs Stämme, die vielleicht einmal den Vorläufer der Zwölfer-Amphiktyonie gebildet haben (NOTH a. a. O. S. 86 f.), befanden sich alle nicht in einer wirklich unabhängigen Position gegenüber kanaanäischen Städten. In gleicher Lage befand sich aber wahrscheinlich der Sebulon und Issachar benachbarte Stamm Asser (a. a. O. S. 77), Dan hatte ständige Auseinandersetzungen mit den Philistern, die zu seiner schließlichen Abwanderung an die Jordanquellen führten, der zum Haus Joseph gehörige Stamm Machir enthält in seinem Namen die Andeutung, daß auch er nicht unabhängig war (vgl. E. TÄUBLER, Bibl. Studien, 1958, S. 190 f.; O. KAISER, VT 10, 1960, S. 8 f.). Nur von Naphthali, Gad und Ephraim-Benjamin weiß man nichts Vergleichbares. Aber Naphthali lebte mit Asser, Sebulon und Issachar auf dem galiläischen Gebirge, so daß sich eine gewisse Gemeinsamkeit von selbst ergab. Gad's schmales und relativ isoliertes Territorium wird sicher seit der Einwanderung der Moabiter ständig unter deren Expansionsdrang nach Norden gelitten haben, während vielleicht tatsächlich nur Benjamin zusammen mit dem sich kräftig ausdehnenden Stamm Ephraim relative Freizügigkeit genoß. Ist die Überlieferung aber darin im Recht, daß Josua die Landnahme der Mosegruppe anführte, so könnte diese tatsächlich die Verselbständigung und den Mut zum Angriff gegen isolierte kanaanäische Städte mit sich gebracht haben, insofern ihr unter Josuas Führung anscheinend die Vernichtung der größten, bisher bekannten

einstimmung und Unterschied zur Sichem-Bethel-Sage Jakobs liegen
jetzt klar zutage. Bei der Identifikation Jakobs mit Israel wurden
zwei im Wesen gleichartige Größen miteinander vereint. Aber als
Jahwe der Gott Israels wurde, konnte die größere Dimension seines
Wesens nicht verborgen bleiben. Sie erwies sich darin, daß a) Jahwe
seinem Volk in herrscherlicher Weise darlegt, was er alles für es getan
hat: das Volk »kennt« diesen seinen Gott in all seiner Macht und all
seiner gütigen Zuwendung, in der sich diese Macht erwies; daß b) das
alte sichemitische Ritual des Ablegens fremder Götter zur Einzigkeit
und Ausschließlichkeit der Verehrung Jahwes verschärft wird; und
daß c) die Verpflichtung des Volkes auf Jahwe nicht nur die Rechts-
gestalt des Bundes bekommt, sondern aus ihr auch eine bestimmte
Gesetzgebung erwächst. Das bedeutet, daß die weitgehende Übereinstimmung mit hethitischen Vertragstexten zur Grundgestalt von
Jos 24 gehört haben muß[54].

---

kannanäischen Stadt Hazor (»Haupt der Königtümer«) gelang (Jos 11 10-15). Mag
dies der einzige Sieg Josuas gewesen sein oder nicht —, in jedem Fall bedeutete er
das Niederzwingen einer offenbar recht umfangreichen Territorialmacht, das die
anderen Stämme ohne Weiteres dazu ermutigen konnte, ihrerseits unter Führung
des Gottes Josuas sich größere Freiheit zu verschaffen. Diese Auffassung erklärt
eine Reihe weiterer Umstände: a) die Autorität, mit der Josua in Sichem auftrat,
b) die immense Bedeutung des Sieges Jahwes über die Ägypter für Israel. Der Sieg
über Hazor machte ihn glaubwürdig. Ägypten aber war als die für Palästina bis
dahin entscheidende Großmacht unendlich viel mehr. Der Sieg über ein Korps ihrer
Streitmacht mußte für das unfreie, auf Selbständigkeit sinnende Israel geradezu ein
Fanal sein. Dieser Gott Jahwe hatte sich Israels angenommen! c) Ebenso wird verständlich, warum die Überlieferung später Josua zum Eroberer von Gesamtpalästina
erhob. Josua setzte den entscheidenden Anfang und brachte das Volk unter einen
kriegsmächtigen Gott (Ex 15 3). d) Schließlich erklärt dieser Anfang, warum die
Tradition aus der Richterzeit im Wesentlichen von Kriegen berichtet. Hier erlebte
man Jahwes mitreißendes Handeln.

[54] Vgl. dazu Mendenhall, Covenant Forms in Israelite Tradition, BA 17 (1954) S. 49 ff.;
jetzt: Recht und Bund in Israel und dem Alten Vordern Orient, Theol. Stud. 64
(1960) S. 44 ff.; und K. Baltzer, Das Bundesformular (1958) S. 29 ff. Als Parallelen
zeigen sich: So spricht Jahwe, der Gott Israels / So (spricht) die Sonne Schuppilu-
liuma u. ä.; die geschichtliche Einleitung; die Aufforderung zum Ablegen fremder
Götter 14 b und zur Verpflichtung zum Dienst für Jahwe allein unter Einschluß des
Hinweises darauf, daß beim Bruch dieser Verpflichtung göttliche Sanktionen er-
folgen 15 f. 18 b. 19 a. 20. 21; das Volk als Zeuge gegen sich selbst 22; Bundschließung
und Gesetzgebung 25; der Stein als Zeuge der Jahweworte (nicht der Verpflichtung
und Gesetzgebung) 27 a; in der Variante 26 a die Niederschrift des ganzen Rechts-
aktes, die — so wird man wohl zu ergänzen haben — im Heiligtum deponiert wurde;
und schließlich, wie man ebenfalls wahrscheinlich zu ergänzen hat, eine regelmäßige
Vergegenwärtigung des Ereignisses im Kult (vgl. Noth, Das Buch Josua S. 139; an
eine wortwörtliche Wiederholung des ganzen Aktes wird man allerdings kaum
denken dürfen, sondern eher an eine Wiederholung von 2-13 und der Gesetzgebung

Eine weitere Analogie ergibt sich aus dem »Beitrag«, den die durch die Legitimation neu eingeführte Gruppe der in dem Kult des Gottes Israels geeinten, schon bestehenden Gemeinschaft lieferte. Das war bei Jakob das Heiligtum von Bethel mit der dort haftenden Landverheißung (28 13 b) und das Territorium der Jakobgruppe. Jahwes »Beitrag« ist die Wüstenzeit und ihr religiöser Besitz, dessen wesentlicher Inhalt mit der Herausführung aus Ägypten und dem Meerwunder als ihrem Höhepunkt gekennzeichnet ist (6 aα. b. 7 aα. b). Das führt aber zu der Frage, ob sich ähnlich, wie bei der Identifikation Jakobs mit Israel, Gründe ausfindig machen lassen, die die Identifikation Jahwes mit dem Gott Israels religiös einleuchtend werden lassen. Oder anders ausgedrückt: gibt es spezielle Berührungen zwischen der alten Wüstenüberlieferung und der Israeltradition?

Wie die Auslegung im einzelnen schon zeigte, hat es solche Berührungen sicherlich gegeben: a) An erster Stelle wird man wohl erwähnen müssen, daß es nicht um die Vereinigung zweier einander fremder Typen der Gottesvorstellung ging. Vielmehr war Jahwe ein Vatergott (Ex 3 6 15 3 18 4), so daß darin von vornherein eine Gemeinschaft gegeben war. Daß das Wesen Jahwes andere, größere Dimensionen offenbarte als das eines Vatergottes, konnte ja nur ein Positivum und nicht ein Hindernis sein. — b) Eine starke Affinität bestand natürlich darin, daß in Sichem das Ritual des Ablegens fremder Götter alteingewurzelt war, welchem das Bilderverbot der Wüstenzeit korrespondierte[55]. Jene alte kultische Handlung ist wohl

innerhalb eines kultischen Rahmens. Beides waren ja Teile, die ohne Weiteres einer veränderten Lage angepaßt werden konnten. Daraus erklärt sich leicht die Ausweitung und Verlängerung des geschichtlichen Rückblicks, vgl. v. RAD, Ges. Studien S. 16ff.; gegen v. D. WOUDE, Uittocht en Sinaï, Nijkerk o. J., S. 7ff.). Wie MENDENHALL a. a. O. bereits bemerkt hatte, stimmt jedoch Jos 24 nicht genau mit den hethitischen Vertragstexten überein, da Jos 24 von der Rede Jahwes 2-13 in Josuarede 14 ff. übergeht. Wie oben dargelegt wurde, liegt das daran, daß Jos 24 im Wesentlichen an den alten Kult von Sichem gebunden bleibt und nur in diesen Rahmen Neues einfügt. — Mit W. ZIMMERLI, Das Gesetz im Alten Testament, ThLZ 85 (1960) Sp. 492 wird man wohl sagen müssen: »Die geschichtlichen Wege, auf denen sich die Nähe der hethitischen Vasallenvertragstexte zu den at.lichen Bundesformulierungen erklären läßt, sind noch ganz undurchsichtig.« Allerdings stimmt es nachdenklich, daß der Gott von Sichem-Stadt heißt: El Berith »Gott, der einen Bund hat«. (Zur Übersetzung vgl. G. SCHMITT a. a. O. S. 144ff.). Daher liegt es nahe, wenigstens am Endpunkt, also bei Sichem, im El Berith ein Glied dieser geschichtlichen Vermittlung zu erkennen, wie das G. HEINEMANN, Untersuchungen zum apodiktischen Recht, Diss. Hamburg (1958) § 10 (wiedergegeben bei J. J. STAMM, Dreißig Jahre Dekalogforschung, ThR 27, 1961, S. 213f.) vorgeschlagen hat. Vgl. auch J. J. STAMM a. a. O. S. 214.

[55] Es sei noch einmal daran erinnert, daß das Ablegen fremder Götter sehr wahrscheinlich mit dem Vergraben von kleinen Götterfiguren verbunden war (Gen 35 4), s. o. S. 28f.

durch die Einführung Jahwes in Israel in ihrem Sinn verschärft worden. Aber die Übereinstimmung blieb außerordentlich. — c) Im Zentrum der Credenda der Wüstenzeit und der »Zeit« des Vaters Israel stand die Herausführung aus einem fremden Land. Daß die Herausführung aus Ägypten in der Vernichtung der Ägypter durch das Meer gipfelte, verlieh dem alten Bekenntnis nur doppelt neue Kraft[56]. — d) Die Überlieferung vom Vater Israel-Jakob bewahrt in vielfältiger Weise die Erinnerung an eine Wüstenwanderung. Was ihr aber fehlt, ist weniger die Tradition von einer Kultstiftung[57] als solche von Führungen in der Wüste[58]. Diese aber bot die Moseüberlieferung, und das Meerwunder ist der Exponent dieser Führung. — e) Umgekehrt gab die Einführung des Jahwevolkes in die Gemeinschaft Israels jenem eine feste Verwurzelung im neuen Land. Es gehörte nun zu dem Volk, dem Gott schon in längst vergangenen Zeiten dies Land zum Wohnsitz zugewiesen hatte. Die vor nicht langer Zeit geschehene Einwanderung erschien damit als etwas, was Gott seit langem geplant und vorbereitet hatte[59]. — f) Für ein Volk, das weithin in Abhängigkeit von kanaanäischen Städten lebte[60] und in seiner Bewegungsfreiheit sicher durch jene erheblich gehemmt wurde[61], mußte die Befreiung des Mosevolkes aus der Gewalt der ägyptischen Großmacht, die bis in das letzte Viertel des 13. Jh. hinein versuchte, die Oberhoheit über jene Städte aufrechtzuerhalten oder ihnen wenigstens ihre militärische Macht zu demonstrieren[62], von kaum zu überschätzender Bedeutung sein. Daß Jahwe Israels Gott sein *wollte*, war etwas, dem Israel sich kaum entziehen konnte.— g) Eine Berührung ergab sich schließlich noch mit sichemitischer Lokaltradition in Gesetzgebung und Bundesschluß. In diesem Punkt sind wahrscheinlich der Einfluß des El Berith und der der Sinaioffenbarung zusammengekommen[63].

[56] Vgl. auch Gen 35 3 b: ». . . der mir Antwort gab am Tage meiner Not . . .«!

[57] Gegen ALT, Der Gott der Väter a. a. O. S. 50f. Denn die Kultstiftung geschah wohl einfach durch den Transmigrationsbefehl. Dagegen fehlen Erinnerungen an die Führung von Mesopotamien nach Kanaan, also insofern solche an ein vorpalästinisches Stadium.

[58] Vgl. etwa das Beispiel der Bachtiaren, bei V. MAAG, Malkut Jahwe, SVT 7 (1959) S. 138 u. Anm. Die Mosetradition bietet offenbar Transmigrationserzählungen in reicher Fülle, auch wenn die Landnahme gar nicht das ursprüngliche Ziel war. Die Wüstenzeit konnte daher zum Beispiel der Transmigration schlechthin werden.

[59] Vgl. ZIMMERLI, Verheißung und Erfüllung, EvTh 12 (1952/3) S. 38f.

[60] S. ausführlich o. S. 96, A. 53.

[61] Vgl. Jdc 1 19. 21. 27 ff. 2 20-23 3 1-6.   [62] Vgl. NOTH, Gesch. Israels S. 40.

[63] S. o. S. 93f. — Ein schwieriges Problem enthält immer noch die Frage, wieweit sich im erzählenden Teil der Sinaiperikope Parallelen zu den hethitischen Vasallenvertragstexten nachweisen lassen. Möglich scheint mir das bei der Überlieferung des Bundesbuches: 19 4 b. 6 a eine Art historischer Prolog, (nach der Theophanie 9 b.

Fragt man von diesen Ergebnissen aus noch einmal nach der »Geschichte der beteiligten Massen[64]« des Volkes Israel, die sich in der Jahweverehrung zusammenschlossen und die wahrscheinlich schon zum größten Teil im Lande wohnten, ehe das Jahwevolk der Wüste zu ihnen stieß[65], so zeigt sich, daß die Jahweverehrung selbst dann,

10. 13 a. 14. 18 Gesetzeserteilung an Mose 20 22—23 19), Niederschrift des Gesetzes, Einrichtung eines Heiligtums, Verlesung der Gesetze, Verpflichtung des Volkes auf das Gesetz, Bundesschluß 24 4-8 (Zur Literarkritik vgl. Seebass a. a. O. S. 103. 107ff. Gegen a. a. O. S. 110 darf man 19 4 b. 6 a nicht umstellen, sondern muß sie an ihrem Platz lassen. Zu den Parallelen vgl. Baltzer a. a. O. S. 37 f.; W. Beyerlin, Herkunft und Geschichte der ältesten Sinaitraditionen, 1961, S. 44ff. 78ff.). Dasselbe gilt für Dtr.: geschichtlicher Prolog 19 3 b. 4 a. 5. 6 b-8, (Gesetzeserteilung an Mose 23 20-33, Abfall des Volkes und Versöhnung 32 1—33 6), Theophanie, bei der Jahwe dem Mose das Gesetz neu erteilt, welches Mose aufzeichnet. Auf Grund dieses Gesetzes Bundesschluß 34 *1-28. (Vgl. Baltzer a. a. O. und S. 48ff.; Beyerlin a. a. O. und S. 90ff.; zur Literarkritik vgl. Seebass a. a. O. S. 46ff.). Aber in den älteren Quellen J und E ist ein historischer Prolog vor der Sinaitheophanie nicht erhalten, und was sie an Stelle des Dekalogs hatten, ist nicht mit Sicherheit auszumachen. — Dagegen dürfte der Abschluß der alten Erzählung von Ex 32 eine gewisse Ähnlichkeit mit Jos 24 gehabt haben. Dies zeigt vor allem die Überlieferung von den hl. Tafeln (24 12 J 31 18 b 32 16 E), die von Jahwe selbst beschrieben und nach E auch von ihm selbst hergestellt sind. Beim Abstieg des Mose vom Sinai, als er die Gottestafeln in Händen hat, befindet sich Josua bei ihm (32 17). Ferner spricht wahrscheinlich J im Anschluß an die Versöhnungstheophanie (32 30 f. 33 12 b. 13 a. 19. 21-23 a 34 8. 9 aα. bβ) vom Bund Jahwes, den er mit dem Volk schließt (34 *10). Inhalt der Auseinandersetzung von Ex 32 war der Kampf um den legitimen Jahwekult: bei E ein Kampf gegen das Gottesbild, das durch die Gottestafeln, mit Gottesschrift beschrieben, ersetzt wird, und bei J ein Kampf gegen Gottesbild und daraus folgendem ausschweifenden Kult (32 6 b. 25), die durch den Kult im hl. Zelt (33 7-11 34 29-35; vgl. auch 33 1 a. 3 a. 12 a. 13 b-15. 17 f.) und die Gottestafeln (24 12) beseitigt werden, und auch bei J gehört Josua zum legitimen Kult (33 11 b). Mir scheint, daß man daher die Beziehung zwischen Ex 24 12-15 a. 18 b 32—34 und Jos 24 als Endpunkt der alten Überlieferung von Israels Vorzeit ansehen muß. Dem entspricht, daß Jos 24 innerhalb des deuteronomist. Josuabuches eine Sonderstellung einnimmt und nicht zum ursprünglichen Bestand gehört, vgl. Rudolph a. a. O. z. St.; Noth, Das Buch Josua z. St., und daß sich in Jos 24 1 a. bα. 25-27 noch deutliche Spuren einer doppelfädigen Erzählung erhalten haben: 1 a. bα. 25. 26 a. 27 b E; 26 b. 27 a J. — Eine andere Frage ist, ob man die Gottestafeln ebenso wie wahrscheinlich die Bundesvorstellung und sicher die Einführung Josuas in Ex 32ff. als Einfluß sichemitischer Überlieferung ansehen muß, vgl. die späte Überlieferung Dtn 27 2 f. 4 b. 8 Jos 8 32. Aber der Sinn der Gottestafeln in Ex 32 besteht ja ursprünglich nicht in einer Zeugenschaft für das Wort Jahwes, sondern eindeutig in ihrer sakralen Dignität selbst (Anfertigung Gottes, Schrift Gottes). Sie müssen daher vielmehr die Anknüpfungsmöglichkeit für die Motive aus Jos 24 gebildet haben.

[64] Vgl. Alt, Der Gott der Väter a. a. O. S. 2.

[65] Die Annahme, daß ein beträchtlicher Teil des Volkes bereits im Lande war, als die aus Ägypten kommenden Gruppen einwanderten, findet sehr weitgehende Zu-

wenn ihr aus der Wüste kommender Verehrerkreis *sehr* klein war, bei
der Identifikation mit dem Kult des Gottes Israels nicht nur auf keine
schwerwiegenden Widerstände stieß, sondern wegen der großen
inneren Verwandtschaft und der außerordentlichen religiösen Mächtig-
keit des sie bestimmenden Credendum als dasselbe in vergrößerter
und profilierterer Weise erscheinen mußte[66].

Angesichts des geschilderten Sachverhaltes kann es natürlich
nicht befremden, wenn die Kulte der Vätergötter noch eine Weile
parallel zum Jahwekult existierten[67]; denn sie alle waren in Wirklichkeit ja Kulthandlungen für Jahwe den Gott Israels, da eine Differenz
zwischen dem Gott des Vaters Israel-Jakob, dem Gott des Vaters
Isaak, dem Gott des Vaters Abraham und Jahwe nicht besteht. Aber
das führt zu der Frage, wie es zur Identifikation mit den Kulten des
Gottes Abrahams und Isaaks kam, wann die ursprüngliche Vereinigung zwischen Jahwe und dem Gott Israels stattfand.

§ 2. Jahwe, der Gott Abrahams und Isaaks

Um für die folgenden Schlüsse einigermaßen sicheren Boden unter
die Füße zu bekommen, muß zuerst in aller Kürze ein Überblick über
die alte Abraham-Isaak-Tradition[68] geschaffen werden. Sehr auffällig ist schon der Umstand, daß die Überlieferungen der beiden
Väter unlöslich miteinander verflochten sind. Daher kommt es, daß
man über Isaak nur noch wenig[69] zu berichten weiß. Gleichwohl
läßt sich für beide Väter noch je ein Zug bestimmen, der die jeweilige
Überlieferung charakterisiert. Bei Abraham ist das nicht weiter
schwer. Von ihm wird eine Transmigration aus seinem Vaterhaus

---

stimmung, vgl. Rowley, From Joseph to Joshua S. 110ff. und die dort verzeichnete
Literatur.

[66] Vgl. Alt a. a. O. S. 61ff.

[67] Alt a. a. O. S. 58ff. nimmt eher ein solches Nebeneinander von Jahwekult und
Vatergottkult an, daß der nationale Kult der Amphiktyonen nicht unbedingt
bedeuten mußte, daß der einzelne Stamm nicht in seinem eigenen Bereich noch
einen Sonderkult hatte, und vergleicht dazu die pyläisch-delphische Amphiktyonie.
Aber m. E. versagen diese Vergleiche bei der Intoleranz des Jahwekultes, und jene
Annahme scheint mir unnötig und unzutreffend. Zu der Annahme, Jos 24 2f. 14f.
(Gen 35 2. 4) meine das Abtun der Vätergötter selbst, s. o. S. 7 A. 35.

[68] Es gelten hier die gleichen methodischen Grundsätze wie bei der Auswertung der
Wüstentradition, s. o. S. 56f.: Vorzugsweise wird der doppelfädige Bestand zur
Deutung herangezogen. Dementsprechend entfällt das J-Sondergut 12 6-8 13 2-18
(14?) 18f. 24. Mit 25 21ff. 27 (s. dazu Noth, Üb. des Pent. S. 106ff.) kommt man bereits in den Bereich der Jakob-Sagen.

[69] Es bleibt nur 24 62 25 11b 26 1ff.

erzählt (20 13 E 12 1 J)[70], während ein analoges Motiv beim Vater Isaak fehlt[71]. Dagegen ist für diesen wohl charakteristisch, daß er als der Verheißungssohn geschildert wird (21 1-7 JEP 18 9-16 J), mit dem etwas entscheidend Neues beginnt, so daß zu seinen Gunsten alle seine Brüder auf Gottes ausdrücklichen Befehl (21 12 b) fortgeschickt und enterbt werden (21 8-12 E 25 5 f. J)[72]. Das Thema der Nachkommenschaft aber, das die Sagen ständig umkreisen, scheint *communis* zu sein.

Daß dies Thema bei Jakob-Israel nicht ursprünglich ist, läßt sich mit großer Wahrscheinlichkeit zeigen. Es kommt in dessen Überlieferung nur dreimal vor[73]: 28 14 32 13 46 3. Davon ist 32 13 keine eigenständige Bezeugung, da es nur auf 28 14 zurückweist. 28 14 dient offenbar dazu, die Landverheißung 13 b, die dort nur den nächsten Umkreis von Bethel meint[74], auf ganz Kanaan auszudehnen[75]. Sie ist daher mit Sicherheit dort sekundär[76]. 46 1-5 a aber gehört ursprünglich zur Isaak-Überlieferung[77]. 46 3 ist zu 26 24 parallel und offenbar im Rahmen der Gesamtanlage des Pentateuch auf die Volkwerdung in Ägypten angewandt[78].

In den Abraham-Isaak-Sagen findet man die Nachkommenverheißung in: 12 2 13 16 15 5 (16 10) 18 18 (21 14. 18) 26 24[79]. Davon ent-

---

[70] Diese Überlieferung ist bei Abraham selbständig, s. o. S. 32 f.

[71] Nur die Frau wird Isaak nach der späteren Erzählung Gen 24 aus Mesopotamien zugeführt, während er selbst zu diesem Zeitpunkt in der südlichen Wüste bei Beer Lachaj Roi angesetzt wird (24 62).

[72] 21 8-21 ist aus zwei verschiedenen Erzählungen zusammengesetzt worden. Die eine behandelt die Ausweisung des Sohnes der Nebenfrau auf Gottes Geheiß hin (8-12). Dazu enthält 25 5 f. J die Parallele. — Diese Erzählung ist ausgeschmückt mit Motiven der zweiten (13-21), der eigentlichen Ismael-Sage.

[73] 48 15 f. ist im Zusammenhang 48 14. 17 ff. sekundär, vgl. NOTH, Üb. des Pent. S. 38 A. 136.   [74] S. o. S. 23.

[75] Man beachte, wie anders der Jahwist 28 13 f. in 13 14 ff. wiedergibt, wo er ganz selbständig (so mit v. RAD, ATD 3 S. 145) formuliert. Die Landverheißung gilt hier bereits dem ganzen Land, während das Motiv des Ausbreitens (28 14) in ganz anderer Form als das in-Besitz-nehmende Durchwandern Kanaans erscheint.

[76] 28 13 f. ist daher der Ursprung für die allgemeine Landverheißung 12 7 13 14 f. 15 18 24 7. Damit entfällt die Landverheißungstradition für die Abraham-Isaak-Sagen. 12 7 13 14 f. 24 7 stehen zudem sowieso in reinen J-Kompositionen, so daß sie als ursprüngliche Überlieferung nicht in Betracht kommen. Bei 15 18 vgl. SEEBASS, Zu Genesis 15, Wort und Dienst 7 (1963) S. 132 ff.

[77] Vgl. A. WEISER, RGG 3. Aufl. Bd. III »Isaak«, und s. o. S. 39 ff.

[78] Vgl. auch Dtn 26 5; anders und offenbar im Einklang mit der Vätertradition selbst Jos 24 3 bα. Dies ist wie die Erwähnung des Meerwunders und der langen Wüstenzeit einer der Züge, die zeigen, daß die Jahwerede 2-13 auf alte Tradition zurückgehen muß. S. o. S. 95 A. 47.

[79] 22 17 gehört zur späteren Überarbeitung 15-18 (vgl. dazu die Kommentare) in Analogie zu 16 10-12. — 26 3 b. 4 sind ebenfalls Teile der sekundären Überarbeitung von 2 a. 3 a in Analogie zu 12 1-3 und 26 24, s. o. S. 49 A. 145.

fallen die Bezeugungen 13 16 18 18, weil sie zu sekundären Bildungen des Jahwisten gehören[80]. Dagegen sind 12 2 J 15 5 E (Abraham) 16 10 J 21 13. 18 b E (Ismael) und 26 24 J 46 3 E (Isaak) doppelfädig überliefert und können nicht ohne Weiteres eliminiert werden. Besonders auffällig ist die Tatsache, daß die Nachkommenverheißung auch mit Ismael verbunden wird[81]. Da man kaum wird einsichtig machen können, daß erst das Israel der Königszeit beide Größen verbunden hat[82], wird man in der Verheißung alte Tradition erkennen müssen[83].

Haftpunkte hat sie in Beerseba (26 24 46 3 ; vgl. 21 13. 18) und in Beer Lachaj Roi (16 10 ; vgl. 21 21), also tief in der südlichen Wüste und am äußersten Rand des palästinischen Kulturlandes. Da die Überlieferung noch die Erinnerung daran bewahrt, daß auch Isaak einst einen Haftpunkt am Beer Lachaj Roi hatte (24 62 25 11 b J ; vgl. 22 14 »יהוה יראה« E), wird die Überlieferung sogar darin im Recht sein, daß sie ursprünglich gemeinsam einen אלהי אביהם verehrten (21 13 E)[84], und zwar eben an jenem Brunnen weit in der Wüste. Das verweist die Nachkommenverheißung in sehr frühe Zeiten der Vorgeschichte

---

[80] Zu 13 16 s. Anmerkung 75; 18 18 ist eine Reflexion, die die Verheißung in der Abrahamtradition schon voraussetzt.

[81] Dagegen nicht mit den Söhnen der Nebenfrauen (25 5 f.), die ja auch Söhne Abrahams gewesen sein sollen. Die Tradition haftet also wirklich an Ismael und ist nicht einfach von Abraham auf ihn übertragen worden. S. auch u.

[82] Zum letzten Mal wird ein Ismaelit z. Zt. Davids erwähnt I Chr 27 30 II Sam 17 25 (*text. em.*).

[83] Gegen HOFTIJZER, Die Verheißungen an die drei Erzväter (1956) S. 28 ff. Gegen HOFTIJZERS Spätdatierung spricht allerdings schon der Umstand, daß sie von J und E überliefert wird.

[84] 16 10 spricht der מלאך יהוה zu Hagar, auch dort ist also der verheißende Gott gemeinsam. Allgemeiner bezeugt die Überlieferung ihre Berührung dadurch, daß sie sie auf einen gemeinsamen Vater zurückführt. — In diesen Traditionskreis gehört auch 20 1 aβ, das man m. E. sicher nicht für einen Zusatz halten darf, gegen NOTH a. a. O. S. 123 A. 319. Denn vergleicht man 16 7. 14, so sieht man, daß indirekt mit 20 1 aβ die Gegend der Oase von Beer Lachaj Roi bezeichnet wird. Auch darf man 20 1 a nicht E absprechen, gegen NOTH a. a. O. S. 29 A. 87, 36, 240 A. 591; denn es soll gerade gesagt werden, daß Abraham seinen üblichen Aufenthaltsbereich im Zuge des Weidewechsels (v. RAD, ATD 3 z. St.) verläßt und sich zeitweilig bei Abimelech aufhält. Vgl. auch ALBRIGHT, BASOR 163 (1961) S. 48, der allerdings aus dieser Notiz ganz merkwürdige Schlüsse zieht. — E hat also offenbar die Erwähnung des Brunnens Beer Lachaj Roi bewußt vermieden, eine entsprechende Überlieferung (20 1 a) jedoch nicht unterdrückt. Ferner hat er analoge Motive in 22 1-14. 19 verarbeitet, s. o. S. 78 A. 123. — Dementsprechend, daß E keine eigene Isaak-Tradition kennt, hat er jene Notiz 20 1 a bei Abraham und nicht bei Isaak wiedergegeben.

Israels[85]. Später hat sich die Isaakgruppe mehr in die Nähe des Kulturlandes verlagert und einen neuen Haftpunkt in Beerseba ausgebildet, während Ismael in der Wüste blieb (21 21)[86].

Wie auch immer es zur Vereinigung der beiden Väter Abraham und Isaak gekommen ist[87] — Tatsache ist jedenfalls, daß sie außerordentlich fest miteinander verbunden worden sind und ihre jeweilige Überlieferung sich nicht mehr voneinander scheiden läßt[88]. In dieser Form muß sie daher Ausgangspunkt weiterer Untersuchungen werden. Dann aber liegen die Vergleichspunkte mit der Israel- und

---

[85] Wie bei der Tradition von der Landverheißung (s. o. S. 23) zeigt sich bei näherer Prüfung der Tradition von der Nachkommenverheißung, daß die These HOFTIJZERS, zusammengefaßt a. a. O. S. 98f., unhaltbar ist. M. E. verbaut sich HOFTIJZER den Zugang zu den Traditionen dadurch, daß er die vorpriesterschriftlichen Verheißungen von den sekundären Stellen 15 7 26 4 f. 18 19 aus interpretiert. — V. MAAG, Malkût Jhwh, SVT VII (1959) S. 140 A. 2 ist HOFTIJZER, obwohl er dessen These im Übrigen ablehnt, insofern entgegengekommen, als er meint, daß die in der Pentateuchtradition erhalten gebliebene Verheißungstradition sekundär sei, da weder Landbesitz noch nationale Existenz zu den Primärdesiderata nomadischer Stämme gehöre. Aber es hat sich gezeigt, daß es noch Stellen gibt, aus denen hervorgeht, daß die Nachkommenverheißung zunächst gar nicht die nationale Existenz gemeint hat, und das selbst in der Form: »Du sollst zu einem großen Volk werden.« S. o. S. 3 A. 12. Hinsichtlich der Verheißung von Landbesitz aber muß man MAAG auf Grund von 28 13 b einfach widersprechen. Daß ein solcher fester Haftpunkt nomadischer Existenz keineswegs zu widersprechen braucht, haben vor allem die Maritexte eindeutig gezeigt, vgl. außer J. R. KUPPER, Les nomades en Mésopotamie au temps des rois de Mari (1957) vor allem MENDENHALL, BA 25 (1962) S. 66ff.

[86] Diese Trennung Isaaks von Ismael wird durch die Überlieferung festgehalten (16 1 ff. und 21 8-21). — Auch bei Ismael sagt die Tradition von seiner Geburt das Wesentliche über ihn. Aber der Vergleich mit ihr zeigt, wie sehr die Tradition von Isaaks Geburt bereits von der Verbindung mit Abraham abhängig ist. Denn sie lebt von dem Motiv, daß Isaaks Eltern in hohem Alter standen und Elternschaft daher nicht mehr zu erwarten hatten (21 6 E 18 9-16 J).

[87] Man wird NOTH a. a. O. S. 113ff. wohl darin Recht geben müssen, daß die jüngere und beweglichere Gestalt die des Vaters Abraham ist, während Isaak im Wesentlichen nur an Beerseba und seiner Umgebung haftet und sich nicht mehr in neue Gebiete ausdehnt. Denn die Isaaktradition ist auch Abrahamtradition, vgl. Gen 16 21 1-7 (18 9-16) 21 8-21 22 1-14, ferner die übereinstimmenden Stücke 12 10 ff. 20 1-17 26 1. 6 ff. und 21 22 ff. 26 14-23. 25 b ff., die Überlieferung vom Zug nach Ägypten 12 9 ff 13 1 und 46 1 b. 4 a 26 2 a. 3 a, Wohngebiet zeitweise bei Beer Lachaj Roi 20 1 a und 25 11 b; aber auch der Grundbestand von Gen 15 setzt wohl schon die Vereinigung der beiden Väter voraus, da sein Thema wahrscheinlich die Garantie für den leiblichen Erben ist (vgl. SEEBASS, Zu Gen 15 a. a. O.). Darüber hinaus aber stößt die Gestalt Abrahams in neue Gebiete vor, vor allem in das von Hebron-Mamre, vgl. NOTH a. a. O. S. 123ff.

[88] Man beachte, daß die Überlieferung des Elohisten von Abraham-Isaak bei Gen 22 aufhört. S. auch S. 104 A. 84.

der Jahwetradition auf der Hand. — a) Wie beim Vater Israel-Jakob und bei der Mosegruppe gibt es eine Tradition vom Verlassen eines andersartigen Bereichs und der Führung in ein Gebiet, in dem der Vater auf Wanderung ist (20 13 E 12 1 J). Einerseits wird die nomadische Existenz noch sehr betont (20 13; Haftpunkt Beer Lachaj Roi 25 11 b J vgl. 20 1 a E)[89], andererseits besteht aber auch schon ein Haftpunkt am Rande des Kulturlandes (Beerseba). — b) Bei den Vätern Isaak-Abraham gab es eine Tradition von einer Wanderung nach Ägypten (12 9—13 1 26 2a. 3a als Umkehrung des Motivs 46 1 b. 4 a)[90]. Dies Motiv mußte schon für sich genommen die stärkste Anziehungskraft haben, da zwischen der Zeit des Vaters Israel und der Wüstenzeit eine entsprechende Verbindung fehlte. — c) Die Verheißung zahlreicher Nachkommenschaft mußte sich der Israeltration geradezu anbieten[91]. — d) Wie oben[92] schon bemerkt worden war, hatte die Gruppe der Väter Abraham und Isaak z. T. gemeinsames Territorium mit der Mosegruppe.

Dieser Sachverhalt führt m. E. zu dem Schluß, daß Abraham und Isaak Väter Israels wurden, als Jahwe der Gott Israels wurde. Denn vorher ist diese Vereinigung deswegen wenig wahrscheinlich, weil nicht einzusehen ist, warum das mittelpalästinische Zentrum Sichem-Bethel zu dem weit abgelegenen Heiligtum von Beerseba Kontakt aufnehmen sollte — *Hebron* gehörte ja bereits zum Gebiet von Kaleb[93]. Und später ist sie nicht wahrscheinlich, weil erst die Ägypten-Tradition der Väter Abraham und Isaak die Verbindung zwischen Väterzeit und Wüstenzeit herstellen konnte[94]. Hinzu kommt

---

[89] Das entspricht besonders der Überlieferung der Wüstenzeit, aber auch der Jakobtradition, die wohl wenigstens noch teilweise mit Verbindungen bis in die Gegend der Bene Kedem rechnete, s. o. S. 47f.

[90] S. o. S. 39ff. Da sich eine besonders enge Beziehung zwischen Isaak und Ismael beobachten ließ, ist in diesem Zusammenhang die Nachricht nicht uninteressant, daß Ismael sich ägyptische Frauen nahm 21 21b. Eine Wanderung aus diesem Bereich nach Ägypten war sicher ganz an der Tagesordnung.

[91] Jos 24 3f. sieht dabei anscheinend den entscheidenden Schritt zum »Zahlreichwerden« in der Vielzahl der Söhne, also in der Zahl der Stämmeeponymen, s. o. S. 10 A. 42.   [92] S. o. S. 77f.

[93] Es hat den Anschein, als hätte besonders ALT a. a. O. S. 56f. an die Vereinigung der drei Väter vor der Überlagerung durch die Jahwereligion gedacht. Allerdings hat ALT a. a. O. S. 58ff. zugleich angenommen, daß die Vätergottkulte noch eine Zeit lang parallel zum Jahwekult existierten. S. dazu o. S. 102 A. 67. An eine Verschmelzung der Vätergötter ziemlich bald nach der Landnahme denkt auch EISSFELDT, ThLZ 88 (1963) Sp. 489.

[94] Gegen NOTH, Gesch. Israels S. 119. M. E. ist NOTH a. a. O. S. 118f. durchaus im Recht, wenn er annimmt, daß der Vater Israel-Jakob in den Bekenntnisformeln Israels das Thema »Erzväter« zunächst allein vertrat. Weiter ist es gar nicht verwunderlich, daß der Vater Israel-Jakob ungleich häufiger in der außerpentateu-

eine Nachricht über die kenitische Sippe der Hobabiten (Jdc 1 16
text. em. 4 11; vgl. Num 10 29 ff.), derzufolge diese sich von einem
Hobab, Schwiegervater des Mose, ableiteten. Diese Nachricht hat
wohl den Sinn, daß ihnen der Gott Jahwe bereits aus der Wüstenzeit
vertraut war[95]. Da die Keniter aber einen Anteil am Negeb hatten
(I Sam 27 10), liegt es m. E. sehr nahe, daß sich Berührungen zwischen
den Kenitern[96] und der Verehrerschaft des Gottes Abrahams und
Isaaks ergeben haben, durch die auch diese von Jahwe vernahmen,
wenn das nicht schon vorher durch die exponierte Lage des Haft-
punktes Beer Lachaj Roi geschehen war[97].

Damit läßt sich nun auch die auffällige Tatsache erklären, daß
die Erzväter Israels nur in zwei palästinischen Landschaften zu
finden sind: im Bereich des Hauses Joseph (Israel-Jakob) und am
äußersten Rande des palästinischen Landes im Negeb mit Beziehungen
bis tief in die Wüste (Abraham-Isaak). Daß gerade diese Väter Israels Väter geworden sind, hat seinen tiefen sachlichen Sinn in zahl-
reichen gemeinsamen geschichtlichen und religiösen Erfahrungen
und Hoffnungen, untereinander und mit der Gruppe, die beim Auszug
aus Ägypten Jahwe als ihren Gott erkannte.

---

chischen Tradition des AT vorkommt; denn der Sache nach ist letzten Endes
dieser Vater die eigentliche Zentralgestalt Israels, da sein Name selbst »Israel« ist
und der Kult des Gottes Israels, nicht der des Gottes Abrahams und Isaaks das
entscheidend vereinigende Band zwischen den Stämmen bildete. Leicht erklärt
sich auch die Zähigkeit, mit der man später z. Zt. des Staates Israel an der Beziehung
zu Beerseba festhielt. Denn der Zug des Vaters Israel nach Ägypten war im Vaterbekenntnis von Sichem fest verankert und hielt daher jene besondere Beziehung
auf Dauer wach.

[95] Dies ist die übliche Annahme, vgl. RGG 3. Aufl., Bd. III »Keniter«.

[96] Selbst wenn die Hobabiten zu den seßhaften Elementen der Keniter gehörten
(Noth a. a. O. S. 58 A. 1), blieb ihnen natürlich eine gewisse Beweglichkeit, vgl.
Jdc 4 11. Denkbar ist die Vermittlung aber auch über andere kenitische Elemente.

[97] Die Aufnahme der Väter Abraham und Isaak mit ihrem Haftpunkt Beerseba als
Väter Israels hat wohl die bedeutende geschichtliche Folge gehabt, daß die Stämme,
die im Süden Palästinas wohnten und Anteile am Negeb hatten, also Kaleb (I Sam
30 14), Othniel (vgl. Noth a. a. O. S. 57), die Keniter und Jerachmeeliter (I Sam 27 10),
aber selbst nicht in das System der zwölf Stämme Israels gehörten, zusammen
mit Juda (und Simeon) den Verband Großjuda bildeten, wie er in der Zeit Davids
voll in Erscheinung tritt (vgl. Noth a. a. O. S. 59). Das zentrale Heiligtum ist offenbar später nach Hebron-Mamre und also auch mehr in die Mitte verlegt worden
(vgl. Noth a. a. O. S. 167), und dies ist offenbar im Zeichen des Vaters Abraham
geschehen Gen 13 18 (14 13) 18. Daß es sich hier um ein Stück Israel handelt, zeigt
sich in der Überlieferung, indem der Vater Israel-Jakob von Sichem-Bethel auch
nach Hebron zieht und dort ansässig wird (37 14), so wie umgekehrt der Vater Abraham beim Jahwisten die Verbundenheit Großjudas zum eigentlichen Kerngebiet
des Vaters Israel herstellt 12 6-8 13 3 f. 14-17.

Bibelstellenregister

(Aufgenommen sind nur im einzelnen bearbeitete Erzählungseinheiten, nicht ergänzende Belegstellen.)

Personen- und Ortsnamen-Register

Autorenregister

Beihefte zur Zeitschrift
für die alttestamentliche Wissenschaft

Herausgegeben von Georg Fohrer

Lieferungsmöglichkeiten und Preise der früheren Hefte auf Anfrage

VERLAG ALFRED TÖPELMANN · BERLIN 30

DATE DUE